云南民间收藏集萃

书画

黄珺◎主编

云南出版集团公司
云南美术出版社

愿民间收藏的奇葩更加鲜艳

「云南民间收藏集萃丛书」总序

收藏作为人们积累财富、陶冶情操、传承文明的活动，一直伴随着人类社会历史发展的整个过程，至今历久弥新、欣欣向荣。从考古发掘中发现原始人类对吃不完食品的存放、对珍爱工具或珍奇物品的收集，到古代贵族墓葬中丰富的陪葬品和史不绝书的收藏记载，到现代社会五花八门的收藏爱好和近年一浪高过一浪的收藏热潮，无不昭示了人们对『收藏』这一活动的热爱。

作为一项具有广泛社会基础的社会活动，收藏也经历了从一般收藏到专门收藏的发展，不断进行着去粗取精、去伪存真，从实用价值、艺术价值、史料价值，再到科学技术价值、文化价值、思想价值等多元价值发展的升华过程。在这个貌似简单明了，实则纷繁复杂的过程中，除了藏品本身的物质属性、蕴涵的多种价值外，社会对这些价值的认知程度，收藏者个人的认知程度、价值取向和审美情趣都深深地影响着收藏活动。因此，收藏一直交织着历史潮流的跌宕起伏和收藏者个人的悲欢离合，有着太多的具体问题需要探讨，有着太多的经验教训需要不断总结。

随着社会经济的发展，尤其是随着人们对可支配收入的增多，收藏活动『盛世收藏』的特征更加明显。除了国家收藏机构「如公办博物馆等」增加收藏力度外，一直作为收藏主力的民间收藏也空前繁盛起来。据不完全统计，在我国，收藏从业人员及收藏人士就有六百万之众。在这些人员中，有专业知识和收藏经验的不到百分之十，而且绝大多数供职于公办收藏机构。特别是当很多参与收藏活动的非专业人士十分看重收藏的财富积累功能，并把它当作生活依靠或生活保险后，许多风险就真真实实地摆在了我们的面前。利用好以往的经验教训以增长收藏专业知识，规避不必要的风险，是每个参与收藏活动的人共同的心愿。在无数先辈实践的基础上，大家一致认为：有来源清楚的可靠实物可供比对和有可信资料参考是减少收藏风险的最基本、最有效的方法。

为此，我们不揣谫陋，决定循着前人的足迹，以熟悉的云南收藏为起点，组织了这套《云南民间收藏集萃丛书》。

该丛书是一套集资料、展示、交流、鉴赏、参考等功能为一体的图册：以藏品留存于云南民间收藏人手中为资料入选范围，以藏品为真品和同类藏品中的精品为入选条件，以帮助广大藏友较全面了解云南民间收藏和为云南民间收藏提供展示与交流为主要目的。内容涵盖民间收藏较多的古字画、青铜器、奇石、翡翠、古家具、古钱币、古瓷器、杂件等门类。每一门类原则上只做一册。对所收入的藏品，重在展示其物质属性为主，如名称、作者、尺寸、材质、色泽、印鉴等细部特征的内容，不叙说其文化价值，以免先入为主，进而限制、影响读者的判断。

为确保该书的可靠性，每一册书的出版大致都经历这样的程序：首先是就某一专题向全省民间收藏人士征集藏品信息；在确认藏品来源清楚、合法、符合丛书收录标准后，由收藏经验丰富的编委对其真实性和收藏价值做出初步判断；经编委认可的藏品，交出版社专人登记、拍照备选；当备选品达到一定数量，编委会就集中甄别、研讨一次，目的是去伪存真、去粗取精、精益求精；到编委会基本确认后，再送有关专家最后把关，做到入选藏品首先是真品，其次是云南民间藏品中的精品。只有经历上述程序定稿的藏品，才由出版社精心设计、编辑、校对、印制，最终与广大读者和藏友见面。正因为如此，我们决定成熟一册做一册，决不因赶时间、进度而勉强为之。

这套定位为『民间收藏』的丛书主要具有这样一些特点：首先，藏品来自民间；其次，地域范围限定在收藏于云南境内的藏品；再次，编委组成人员完全来自民间；最后，重点服务对象是民间收藏爱好者。

正是因为这样的定位和特点，书中收录的藏品也许缺乏国家一级文物这样的收藏精品中的精品，多少也带着些『草根』味，但集腋成裘、积土成山，踏踏实实地做事胜过任何空谈。

让我们更加关注民间收藏，实实在在地为之做些实事，使民间收藏这枝保存和传承中华文明的奇葩在祖国新的盛世绽放更加夺目的光彩！

黄珺　谨识

二〇〇八年十二月十八日

目录

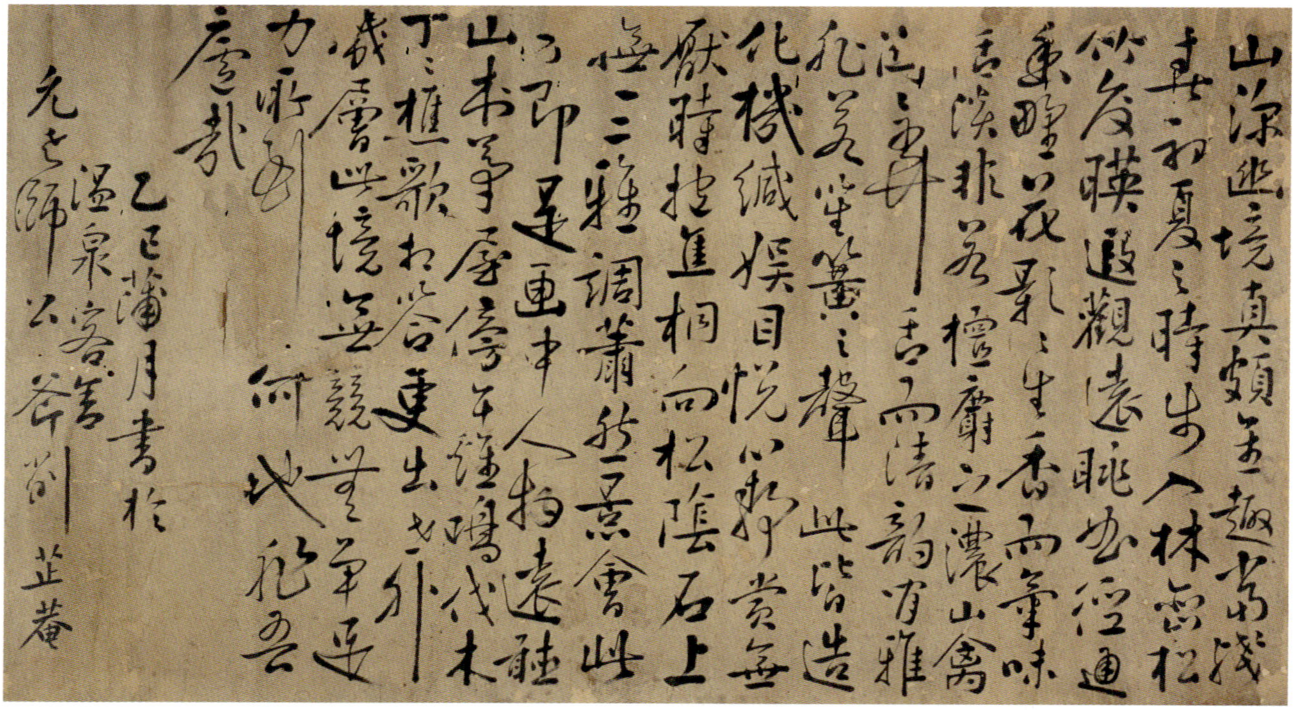

书法横幅 ［133×73.5cm］ 纸本

［传］［明］兰茂

厭時抱琴桐向松陰石上

無三稱調簫於景會此

了印是重中人拍遠融

山本事屢停午鐘鳴伐木

下樵歌相答逸出此

峨層雲此境無競年

力聽 何此龍吟云

廣教

乙巳蒲月書於

溫泉客舍

先生師公谷劉芷菴

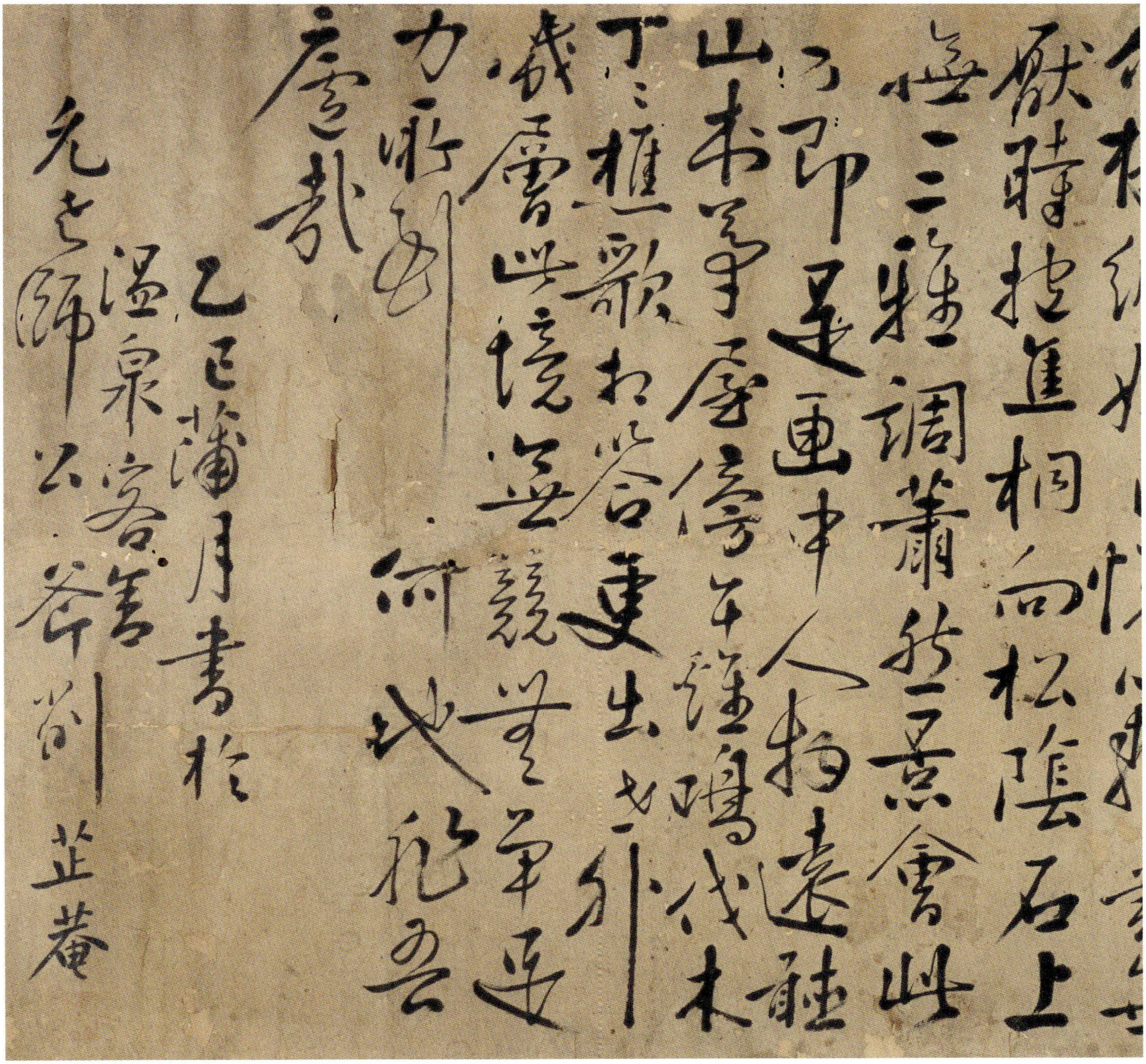

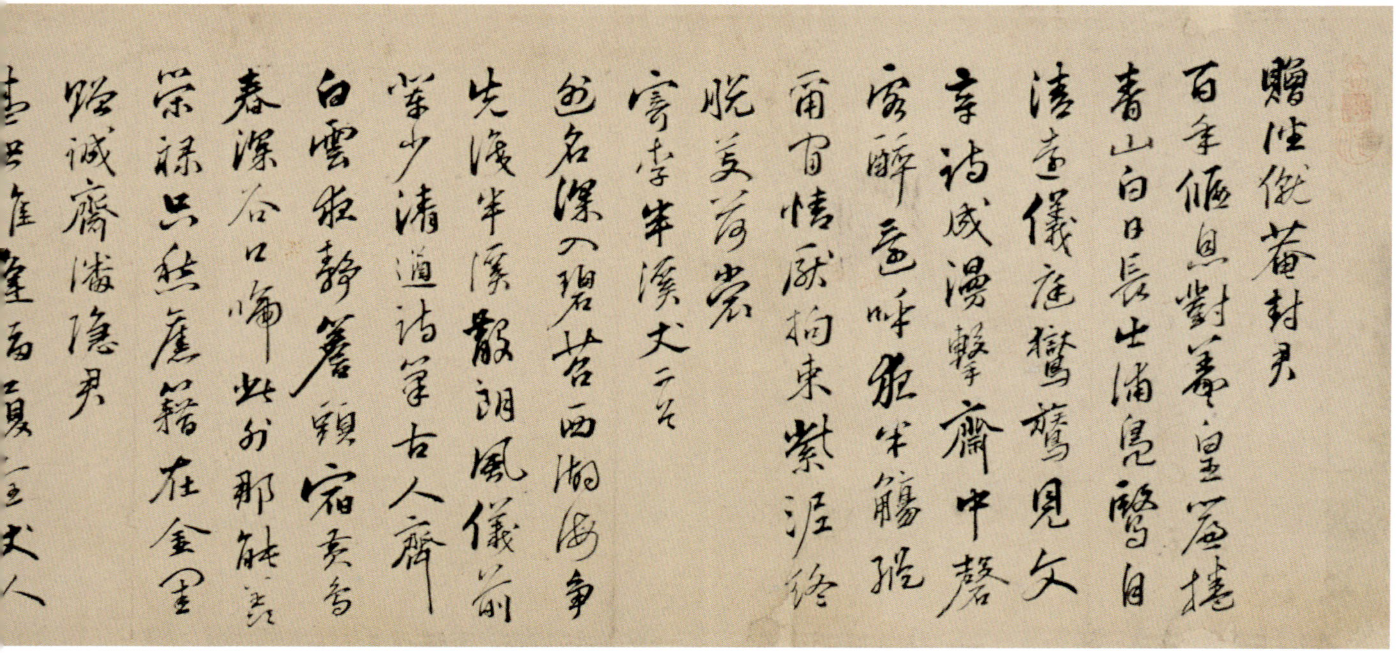

诗抄手卷 ［122×27.5cm］ 纸本
［明］施峻

蒼崖雲海洗藥兼流碧
澗泉老去心情頃嬾鈒球
未祥好解圍龍牙砂戌
河河時就鶴堦吹笙語
縈烟
又補峯溪脫簡
茴水竹自成唐衣岳河
曾河有餘一匊子株陶叟
柳林頭萬壽鄰侯出狀
萦嵓畔隨黄鶴洗藥池
頭跎白鱼江海風崖玄觀
遠後生恶买毛情諫
舊疴陷笔
白涯張先生吟壇清正
峴山鐵篴道人施毓
漁於八旦橋舟中

茴水竹自成唐衣岳河
曾河有餘一匊子株陶叟
柳林頭萬壽鄰侯出狀
萦嵓畔隨黄鶴洗藥池
頭跎白鱼江海風崖玄觀
遠後生恶买毛情諫
舊疴陷笔
白涯張先生吟壇清正
峴山鐵篴道人施毓
漁於八旦橋舟中

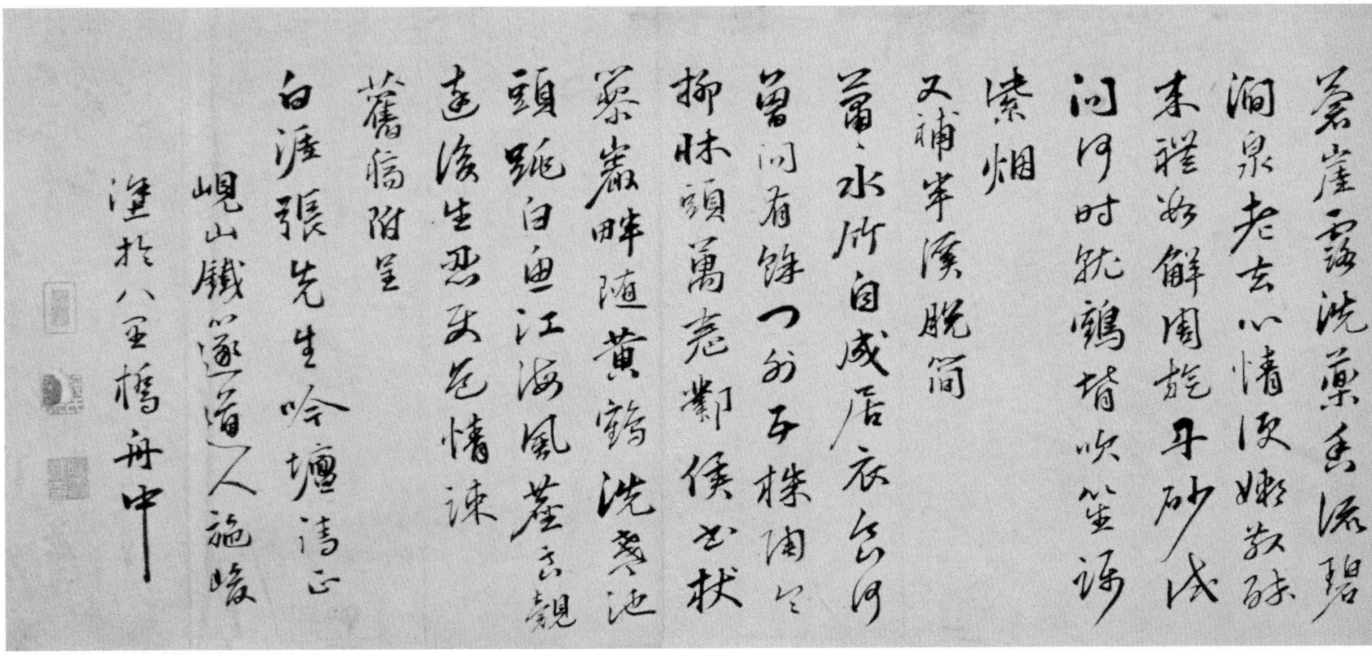

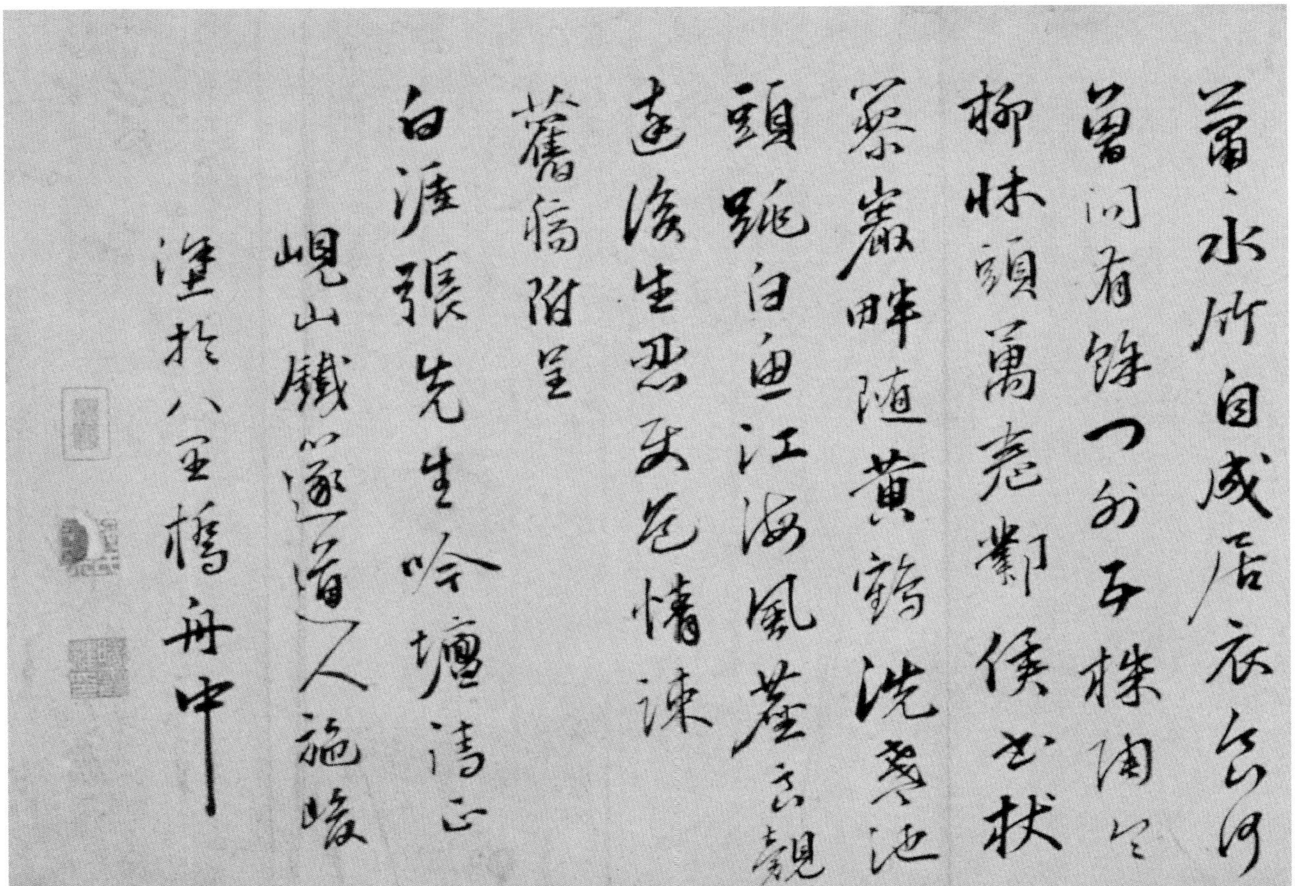

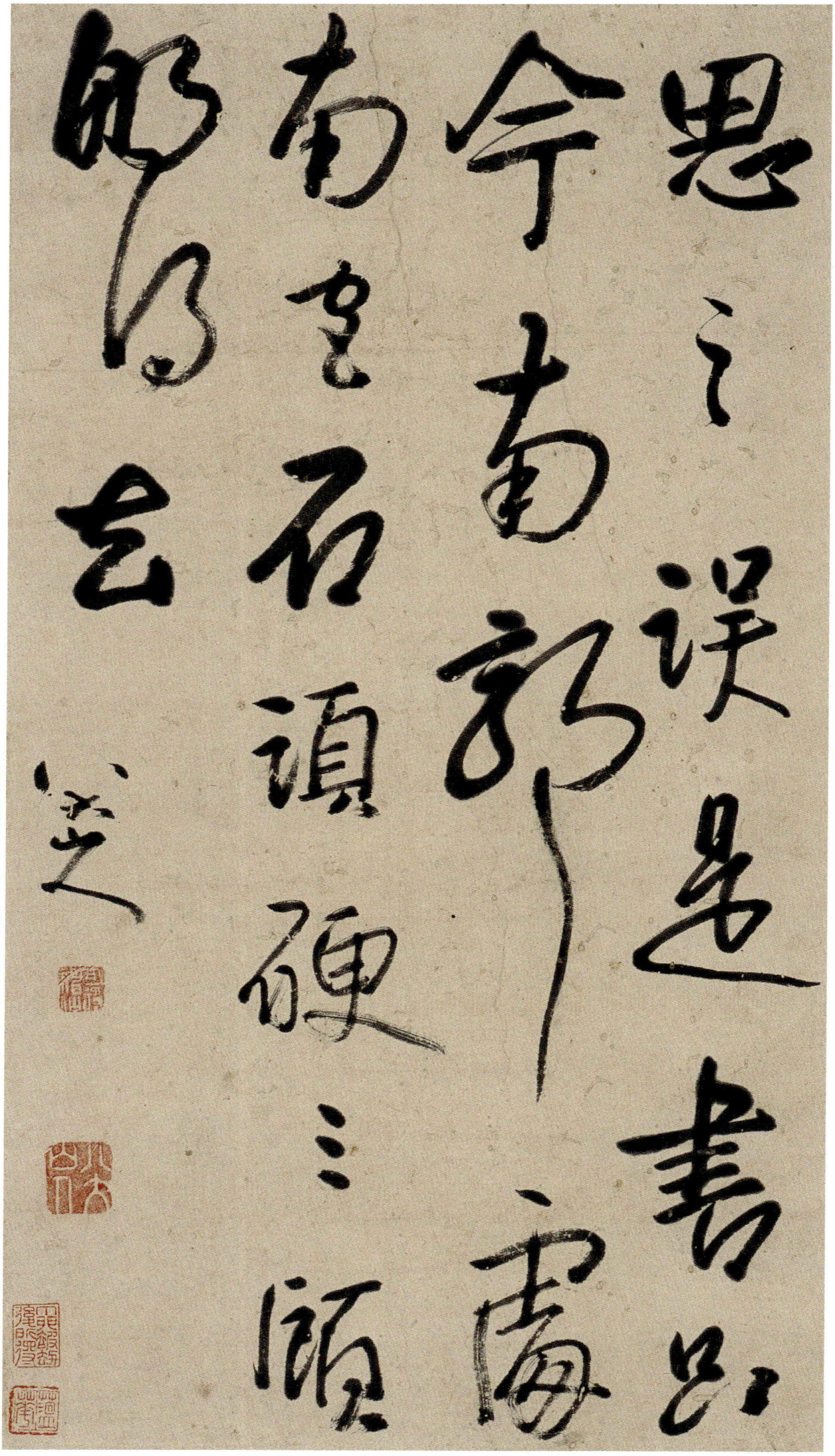

行草诗轴［70×38cm］纸本

［明末清初］八大山人

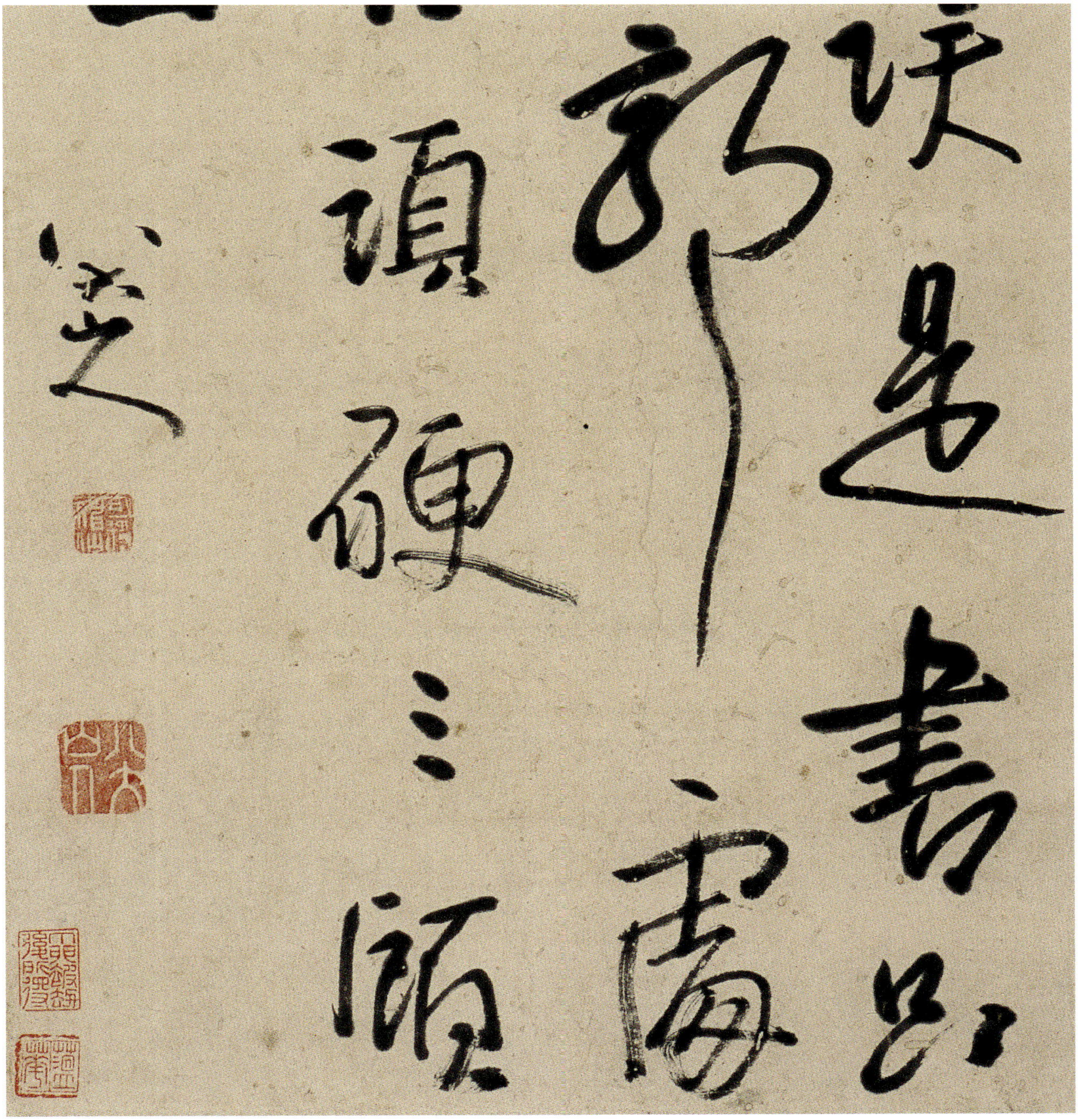

［局部］

山水轴 ［110×45cm］ 纸本

［明末清初］担当

山水轴［110×45cm］绢本

［明末清初］王建章

兰花轴 [182×79cm] 纸本

[明末清初] 白丁

山水立轴［203×96cm］纸本

［清］方正阳

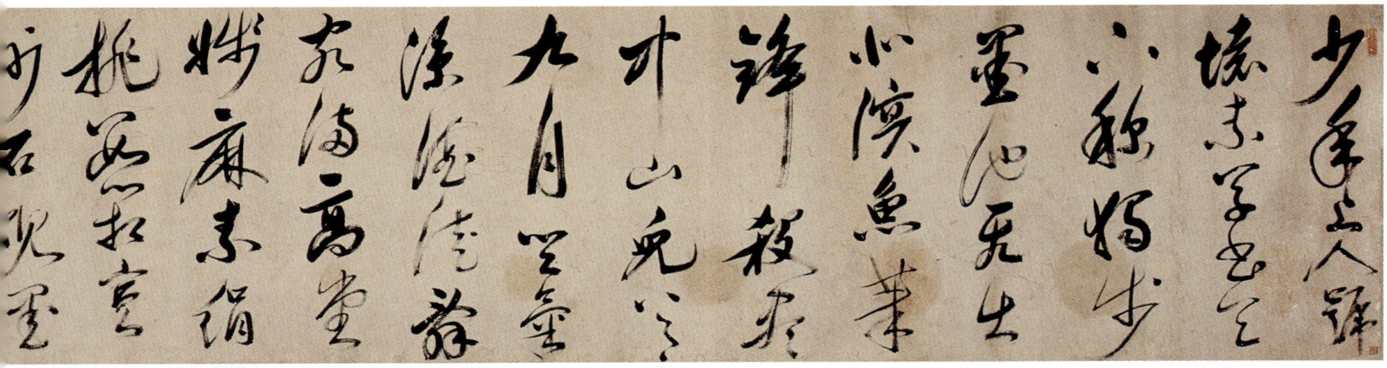

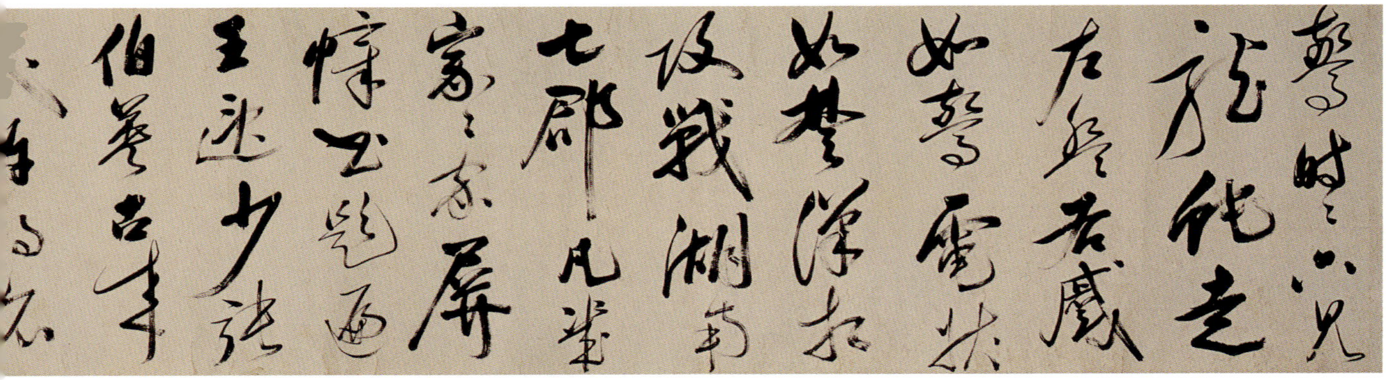

书法长卷［700×45.5cm］纸本
［明末清初］成玉

破除佳絕
林泉更拘
建安
飄風遙雨
鸞飄鳳
莫言
庄庄起手
白璧無瑕
李大如斗
忧如
神元
毛
星斗光
元家客所
此意未
愕

娱揮
悦葉
戊戌三月望
人半書以意
臨米元帖字
帖

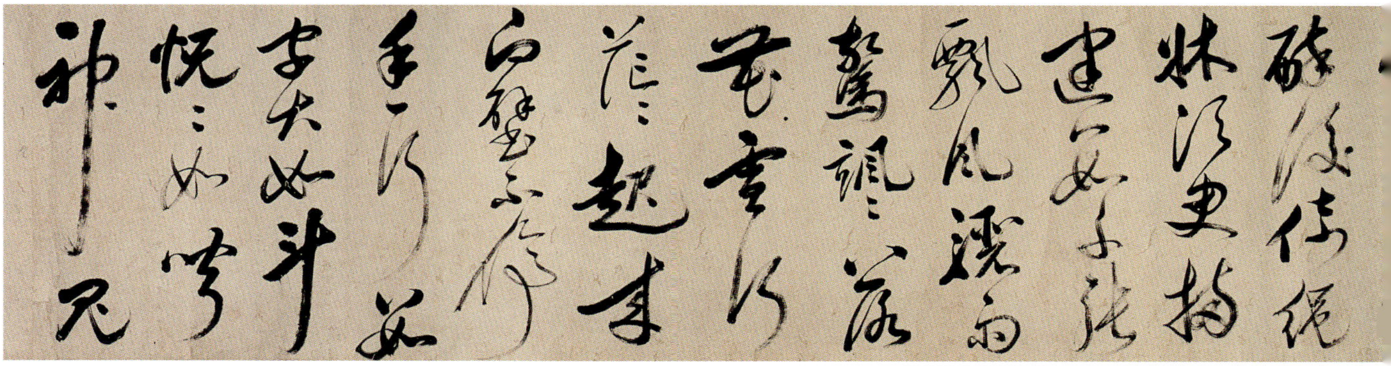

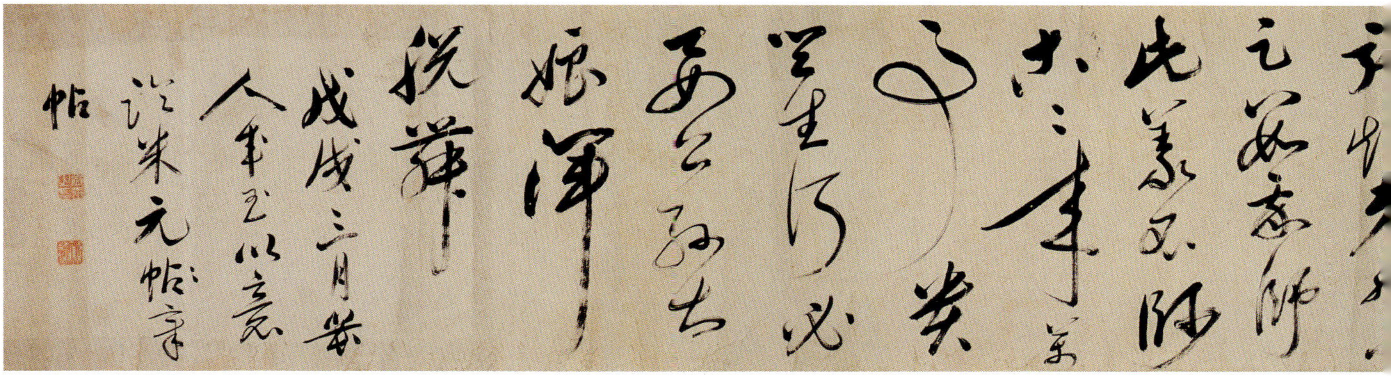

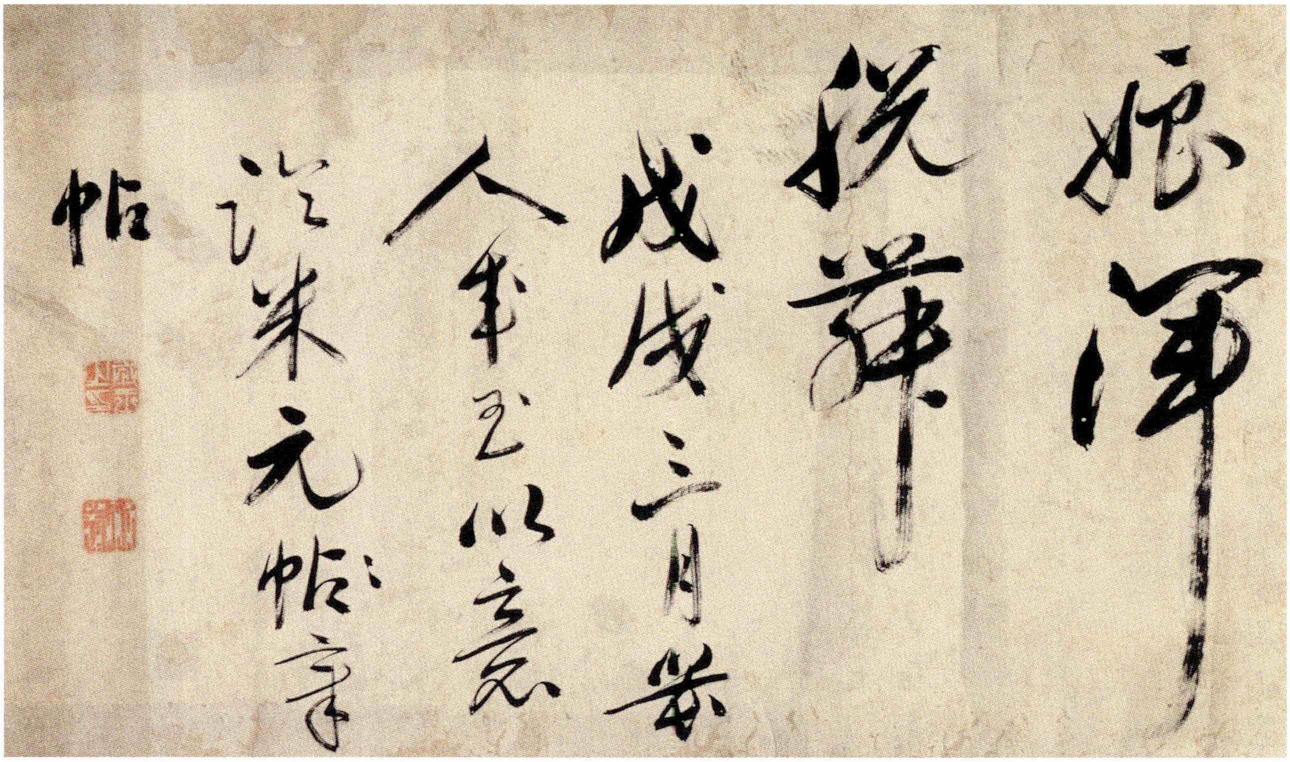

山水条幅［100×44cm］绢本

［明末清初］吕焕成

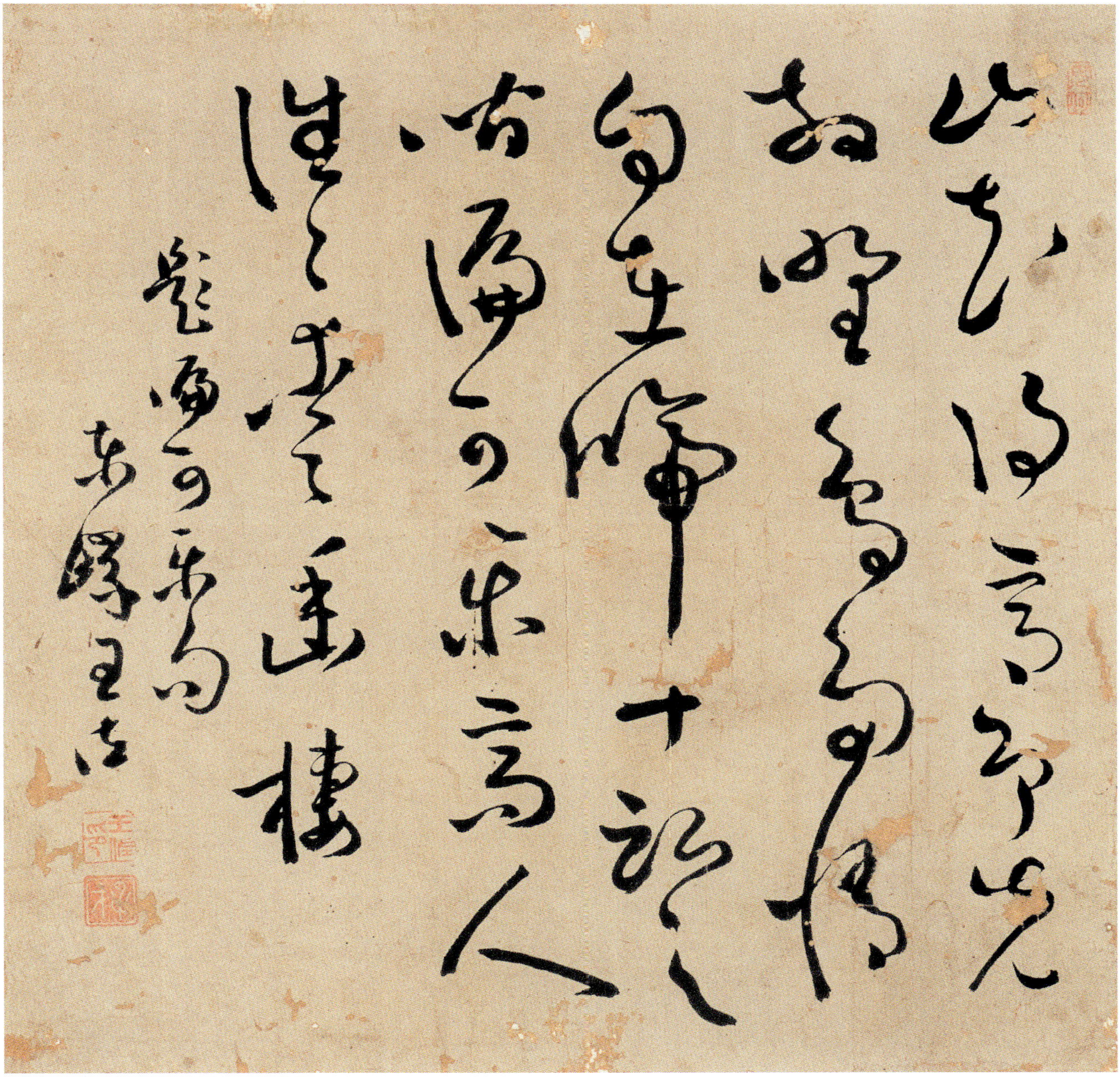

草书斗方［26×26cm］纸本
［明末清初］王佐

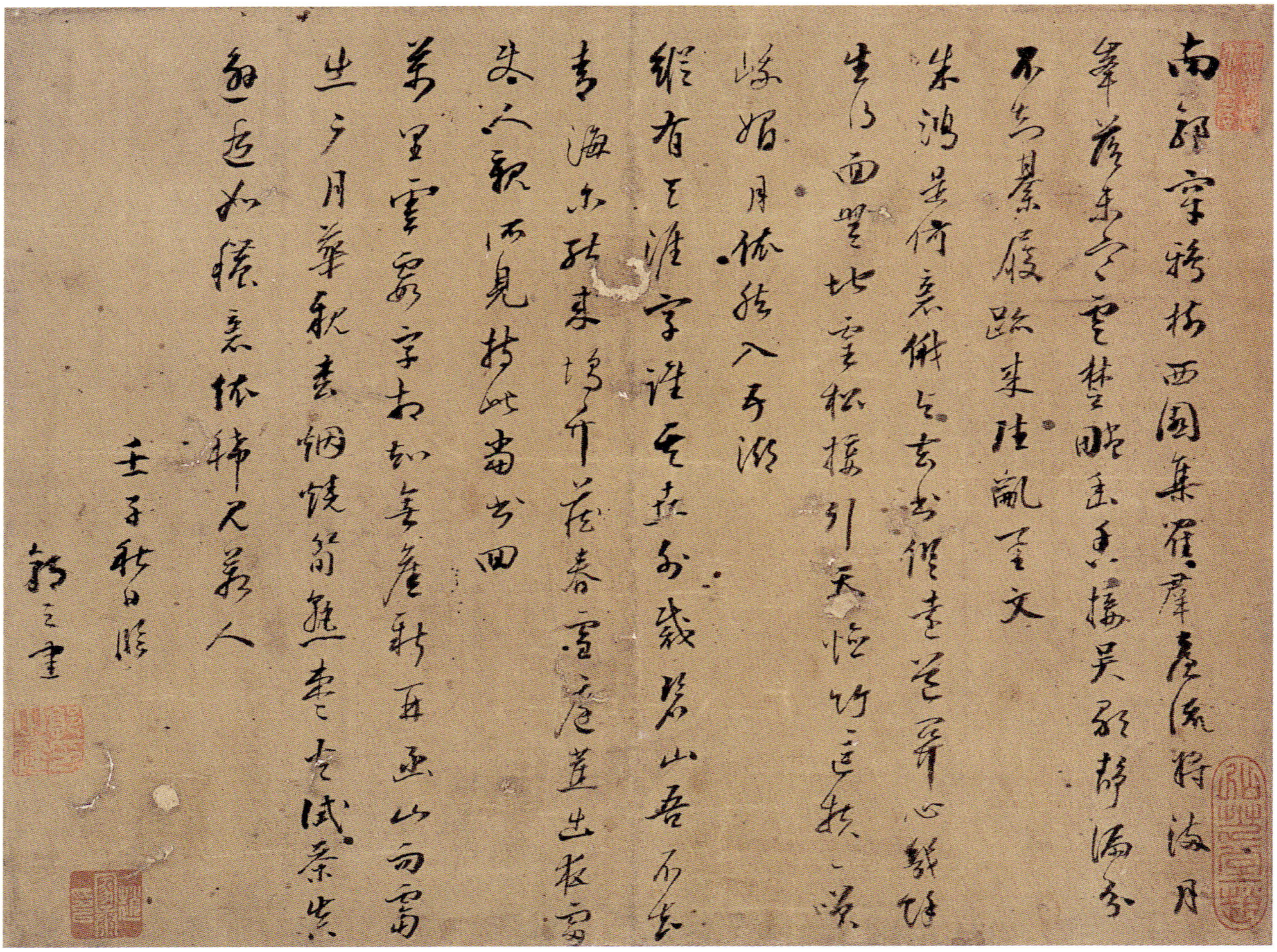

书法斗方 ［31.5×24cm］ 绢本
［明末清初］郭之建

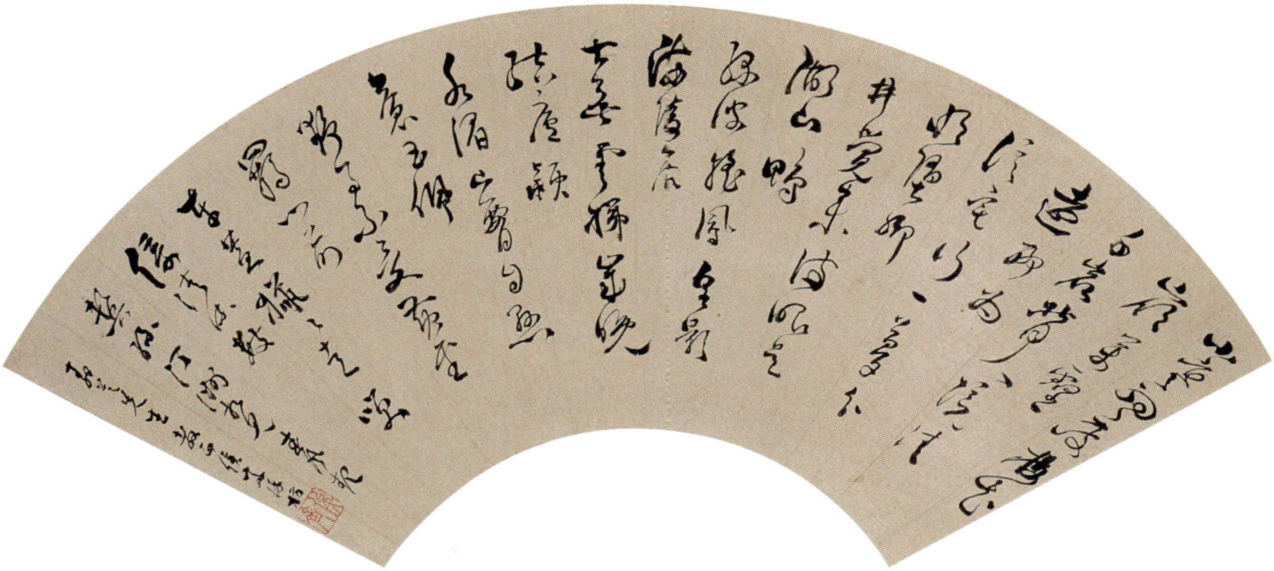

书法扇面 ［55×25cm］ 纸本
［明末清初］徐枋

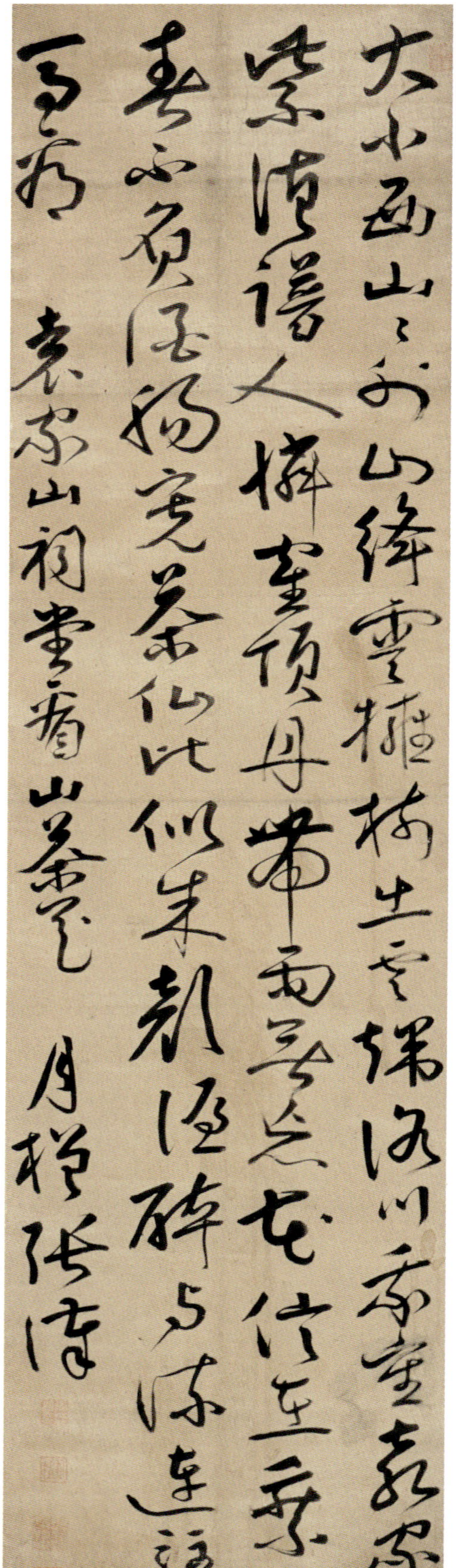

书法条幅［163.5×43.5cm］板绫

［清］张汉

柯生堂绵溪川承坐真客

带雨髣髴七住坐亲

似朱都逦辞与沫连延

蓁蓁

月桷张清

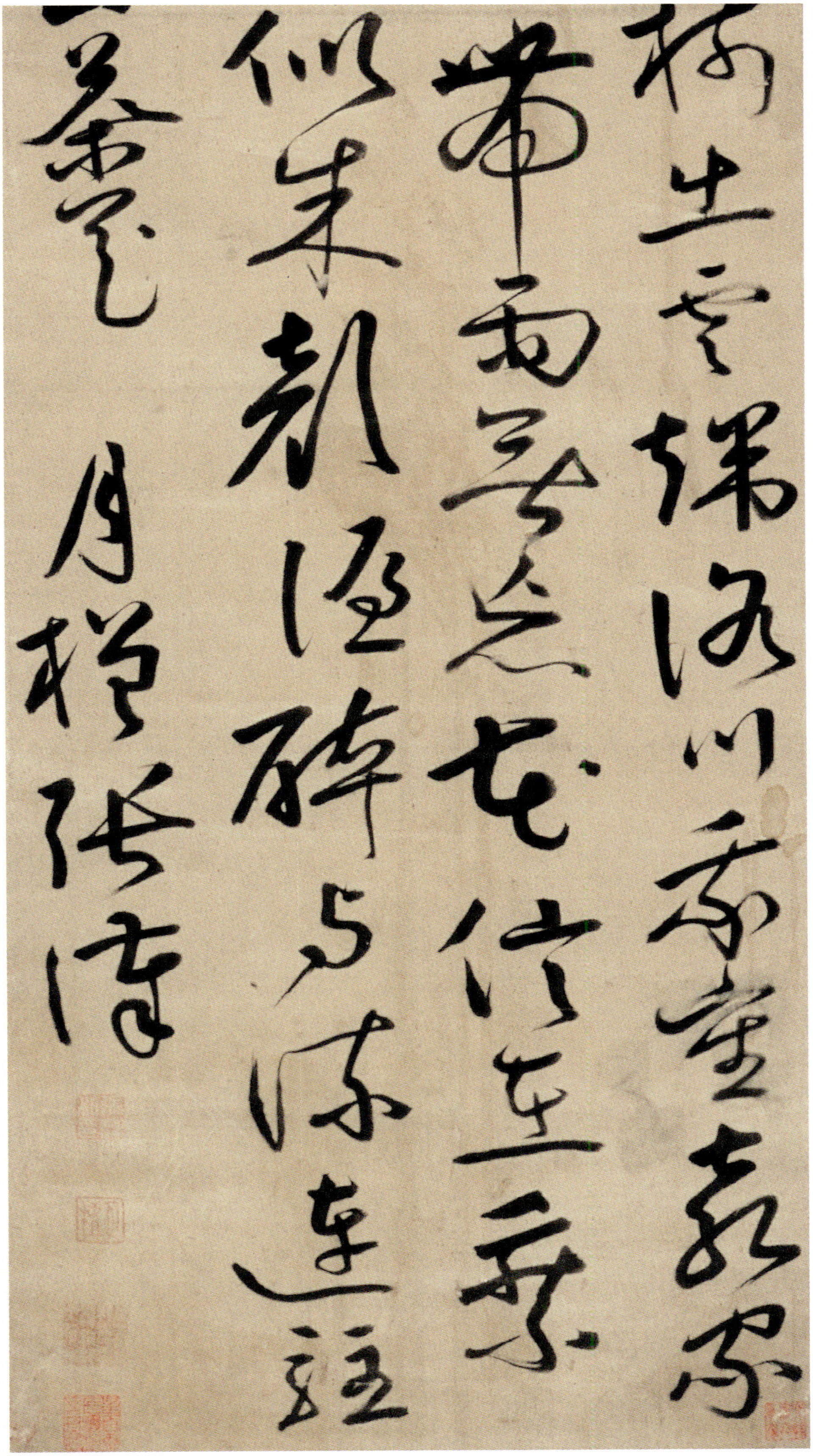

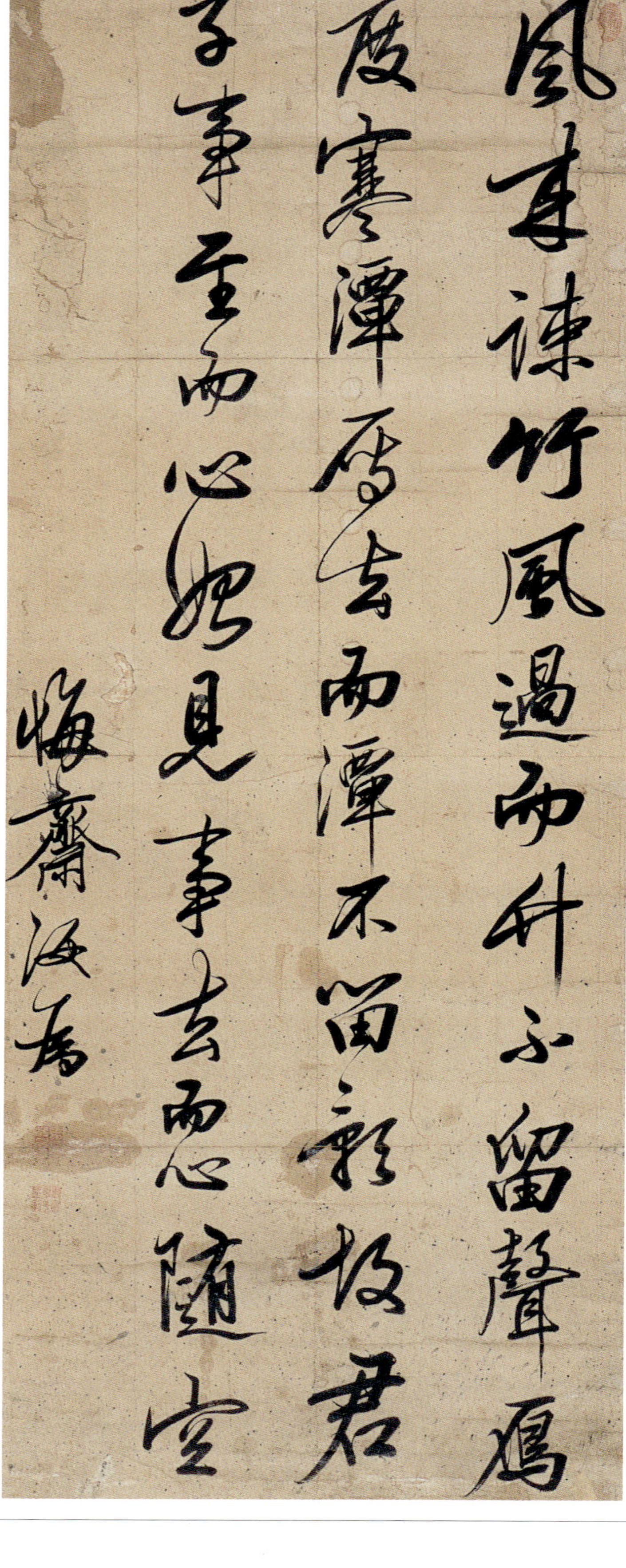
風來疏竹風過而竹不留聲雁
度寒潭雁去而潭不留影故君
子事來而心始見事去而心隨空
梅齋汝為

书法条幅［132.5×52cm］纸本

［清］马汝为

山水轴 ［66.8×23.8cm］ 纸本

［清］华岩

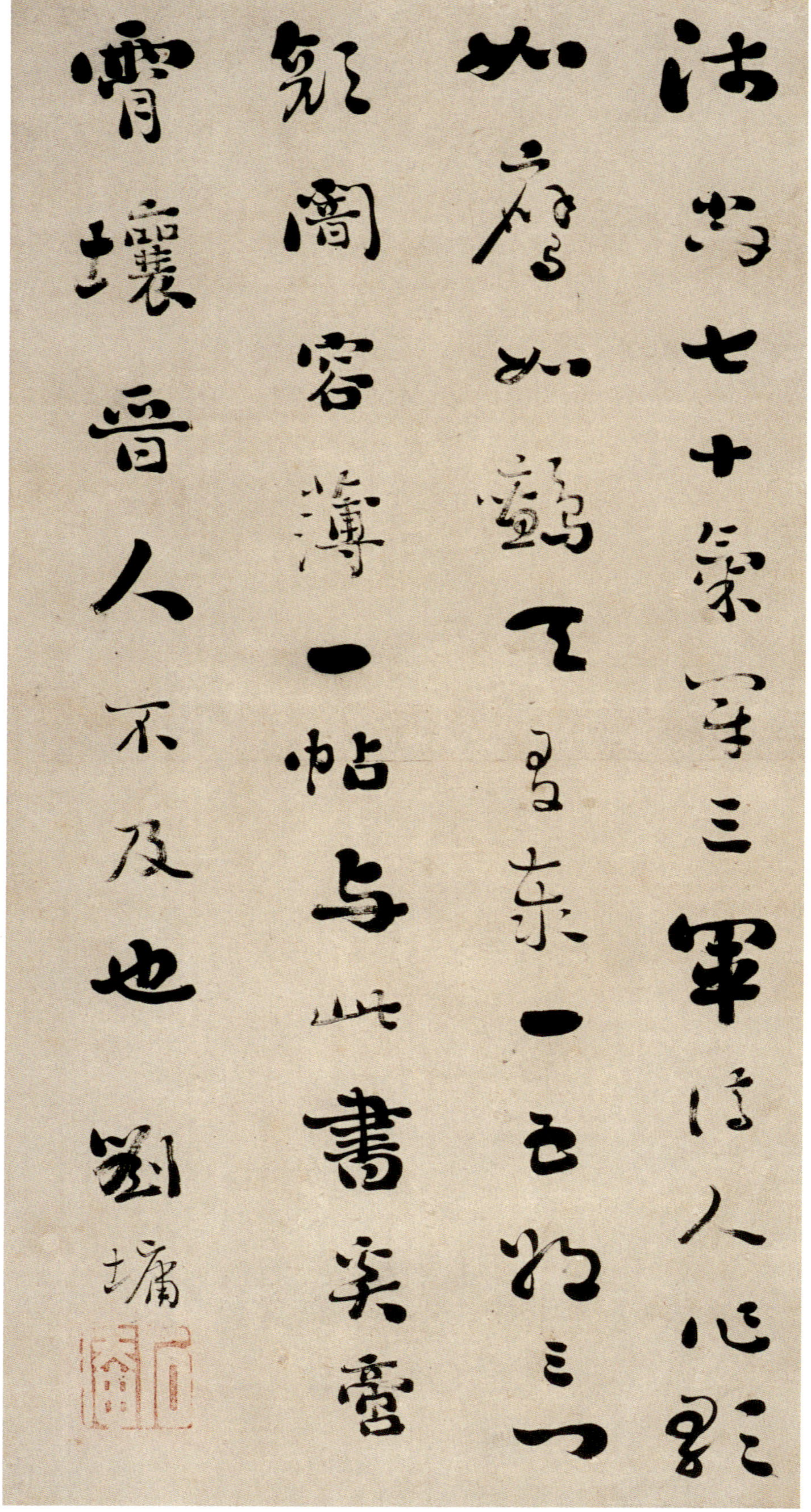

书法轴 ［55×28cm］ 纸本

［清］刘墉

三軍得人心較與京一二物之一與此書異當及也
劉墉

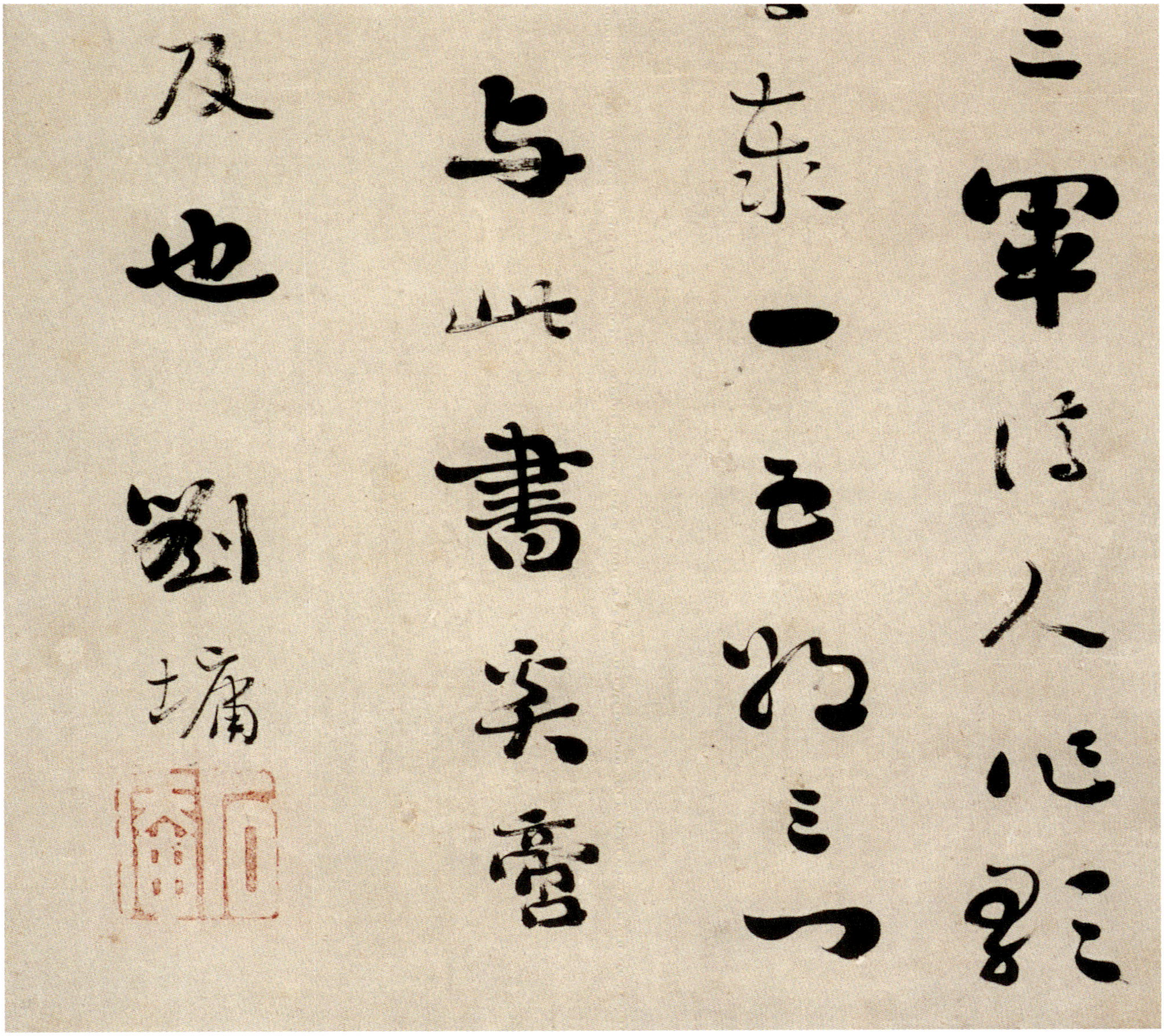

[局部]

行书对联［129×29cm×2］花笺

［清］周于礼

新捐便

立庭周拾禮

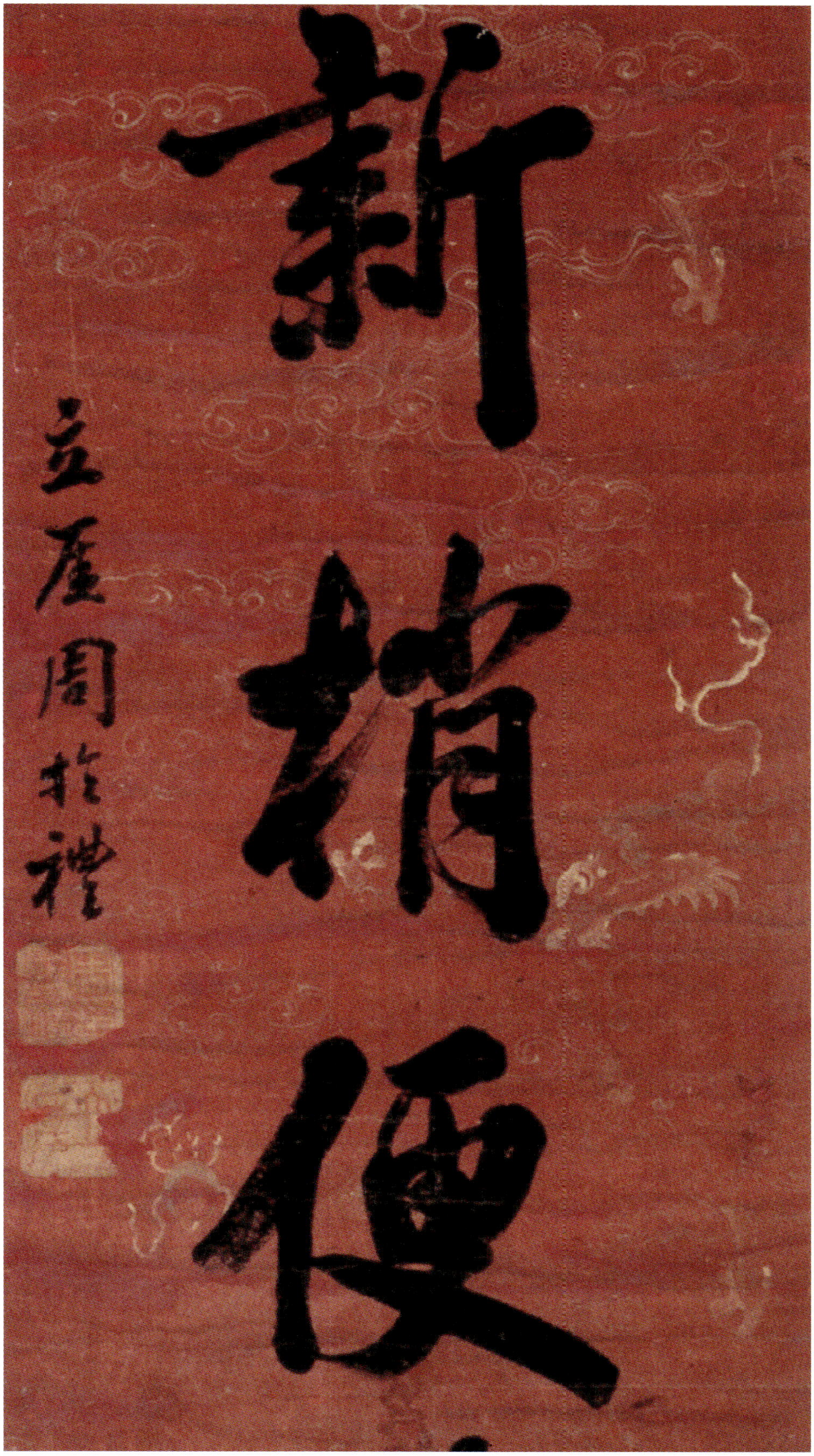

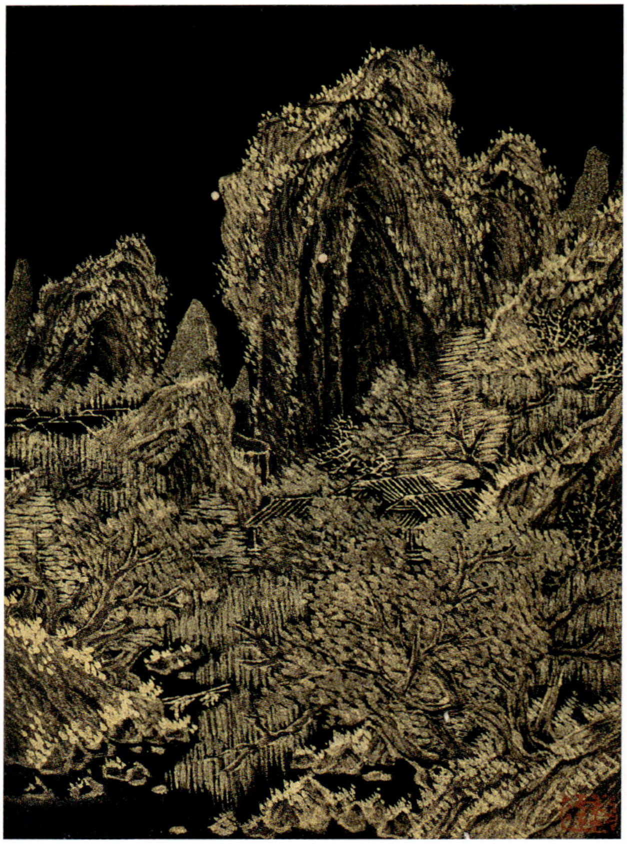

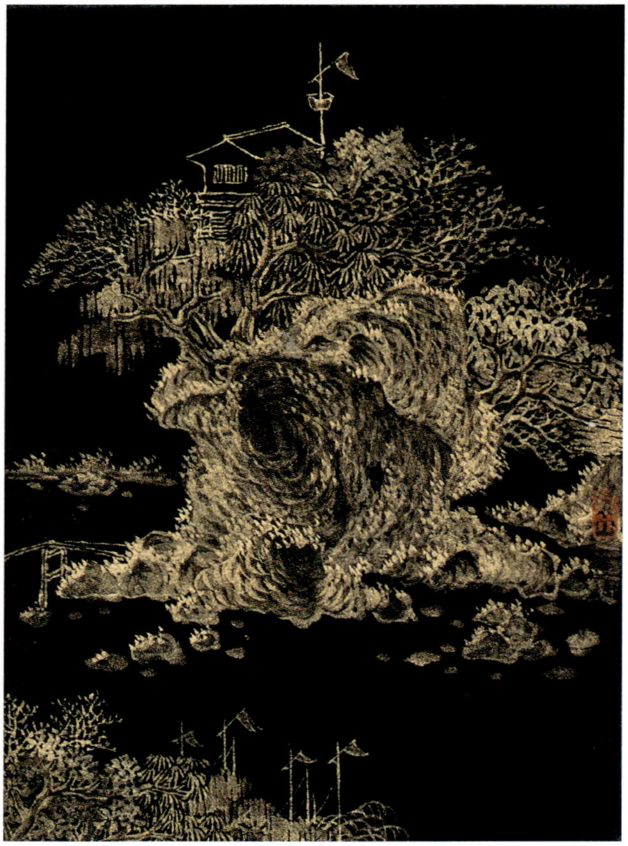

泥金山水册页［13.5×10cm］磁青纸本
［清］钱维城

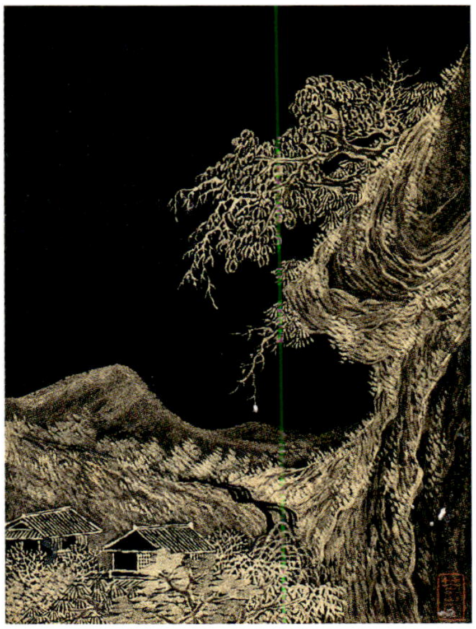

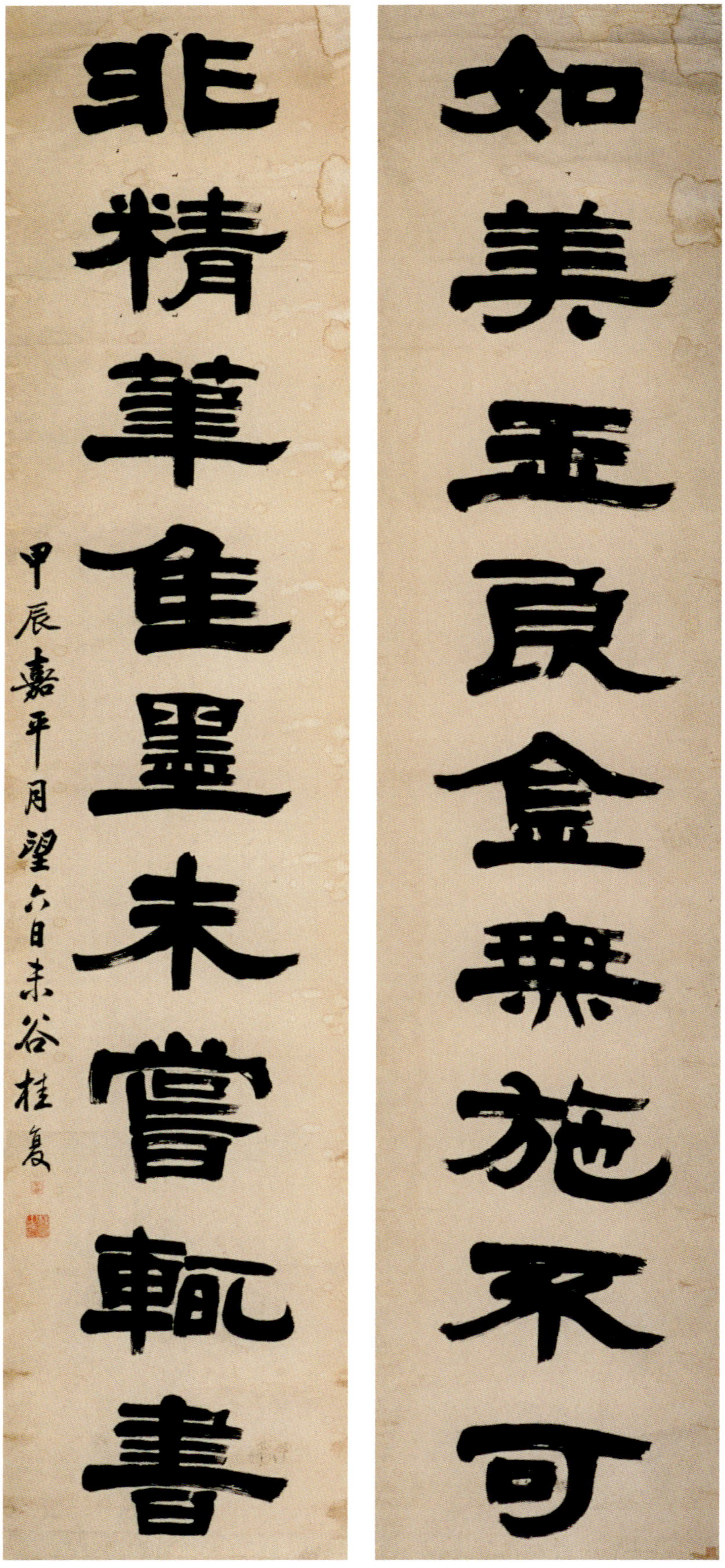
如美玉良金無施不可
非精筆佳墨未嘗輒書
甲辰嘉平月望六日未谷桂馥

隶书对联 [242×52cm×2] 纸本

[清] 桂馥

未嘗輙書

望六日未谷桂叢

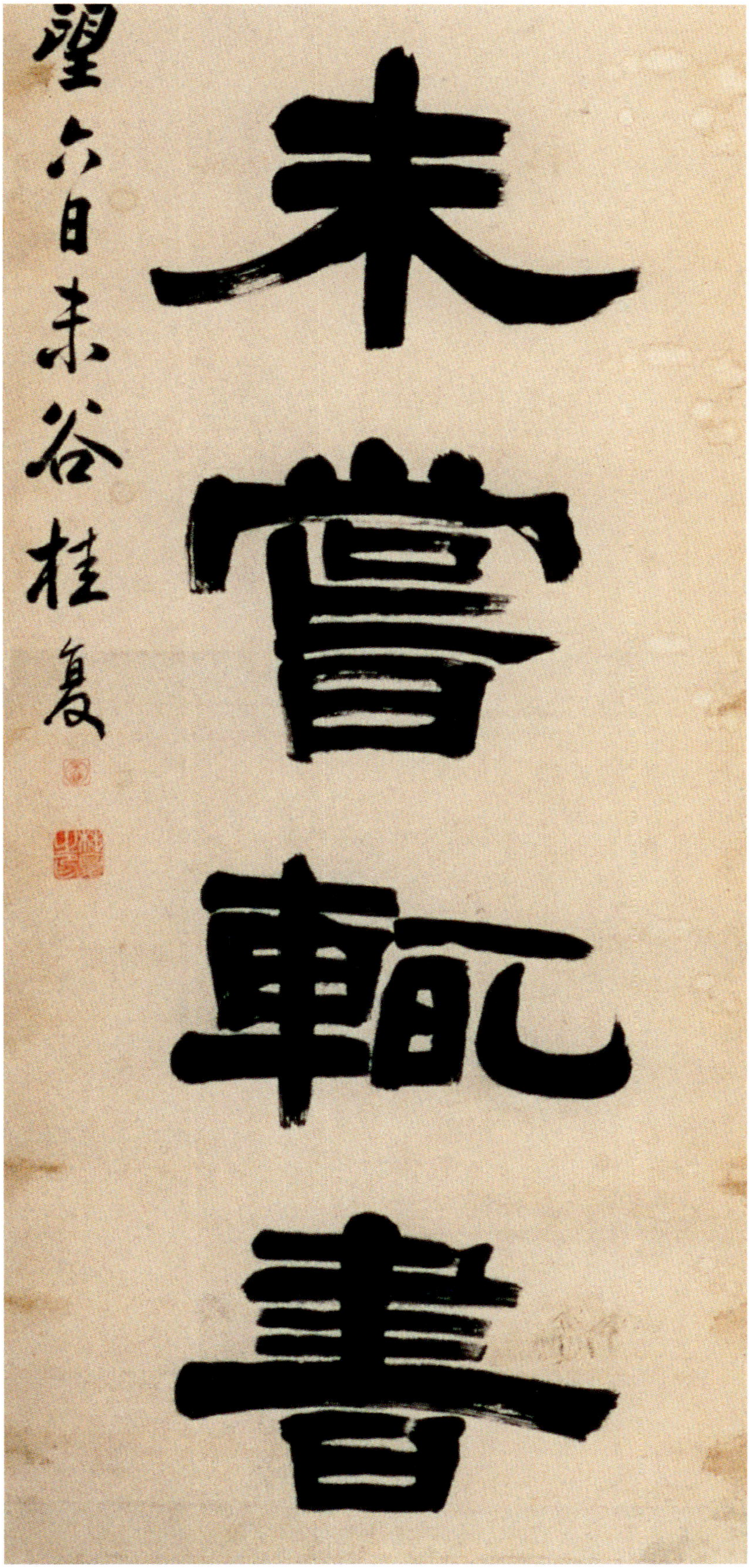

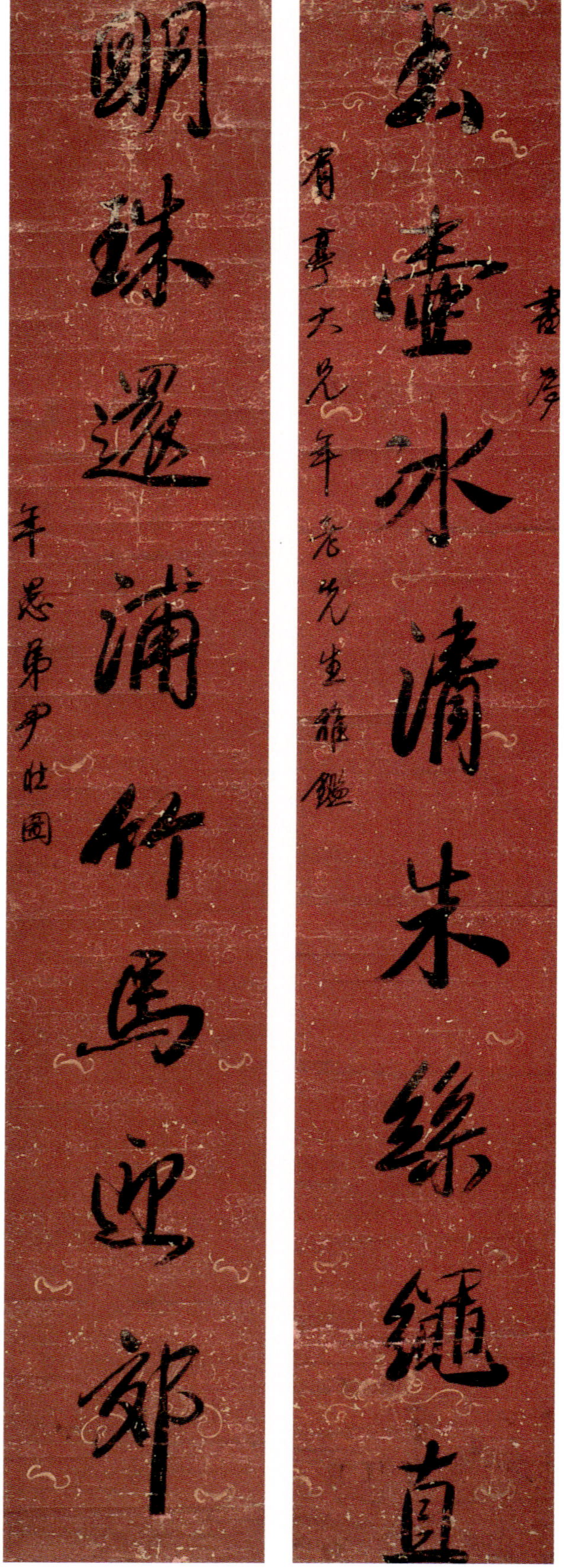

书法对联 ［167×27.5cm×2］ 描金红笺

［清］尹壮图

罗汉图［40×30cm］纸本
［清］苏万钟

楷书中堂［173×30cm］纸本

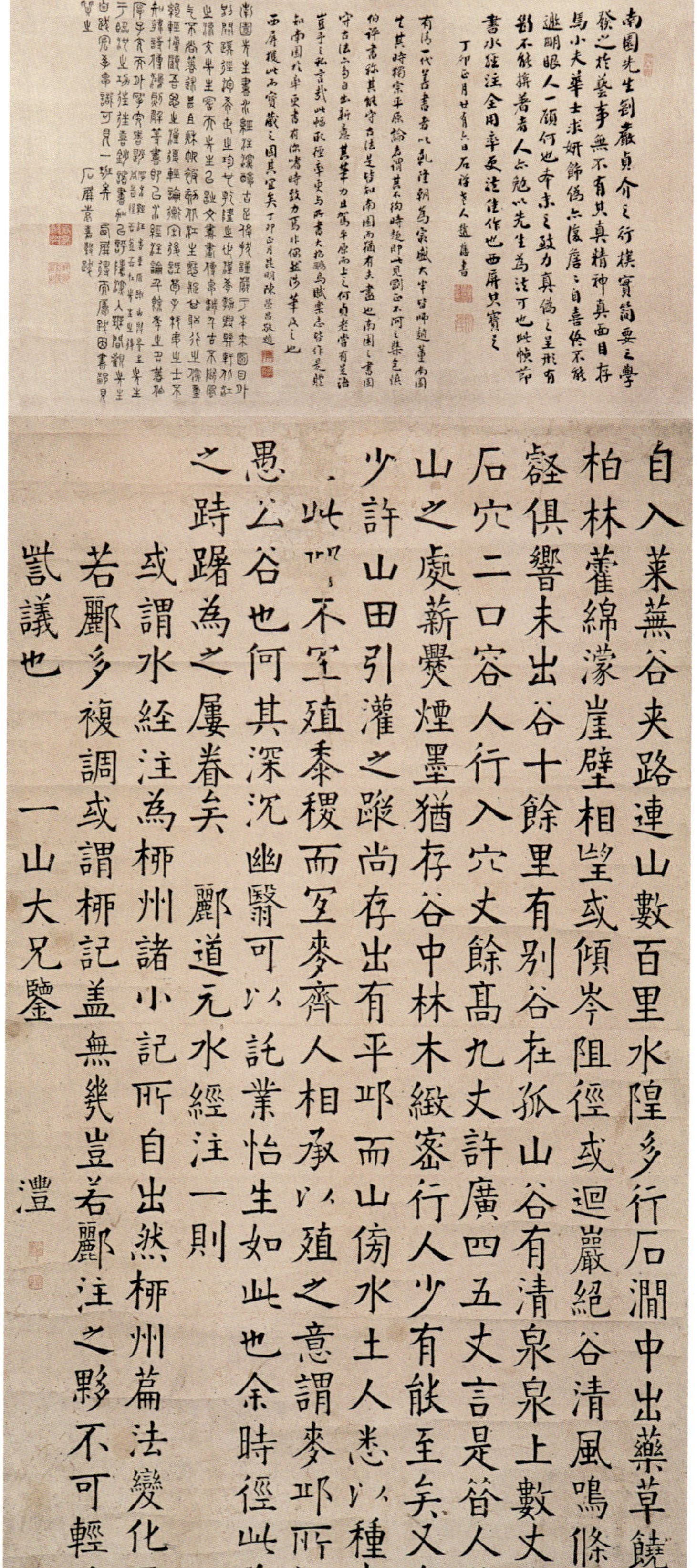
自入萊蕪谷夾路連山數百里水隍多行石澗中出藥草饒松
柏林藿綿濛崖壁相望或傾岑阻徑或迴巖絕谷清風鳴條山
谿俱響未出谷十餘里有別谷在孤山谷有清泉泉上數丈有
石穴二口容人行入穴丈餘高九丈許廣四五丈言是昔人居
山之處薪爨煙墨猶存谷中林木緻密行人少有能至矣又有
少許山田引灌之蹤尚存出有平邱而山傍水土人悉以種麥
此州州不宜殖黍稷而宜麥齊人相承以殖之意謂麥邱所植
愚公谷也何其深沉幽翳可以託業怡生如此也余時徑此為
之踌躇為之屢眷矣　酈道元水經注一則
或謂水經注為柳州諸小記所自出然柳州篇法變化不
若酈多複調或謂柳記蓋無幾豈若酈注之影不可輕為
訾議也　一山大兄鑒　灃

［清］钱南园

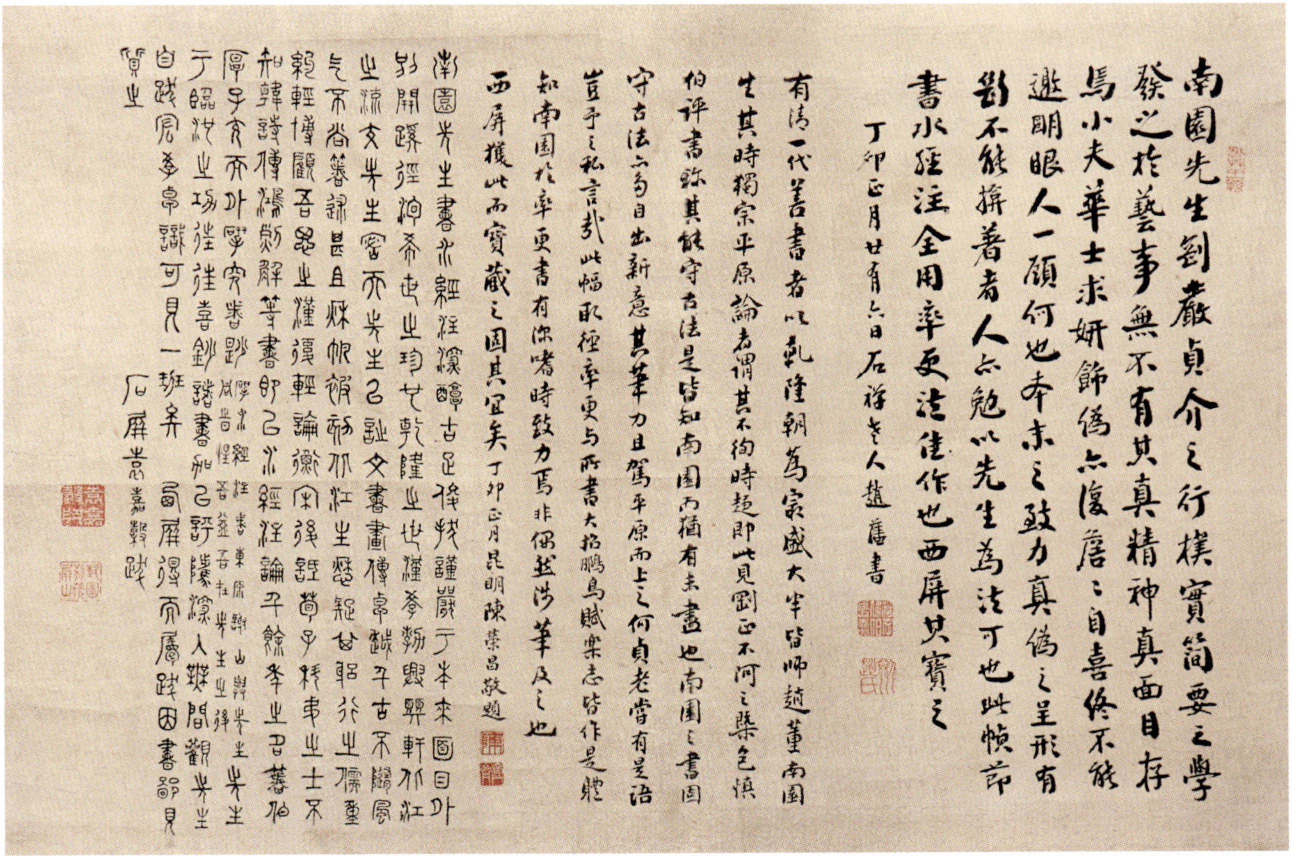
南園先生劉巖貞介之行樸實簡要之學
發之於藝事無不有其真精神真面目存
焉小夫華士求妍飾僞亦復詹詹自喜終不能
逃明眼人一顧何也本末之致力真僞之呈形有
判不能掩著者人亦勉以先生為法可也此幀節
書水經注全用率更法佳作也西屏其寶之
丁卯正月廿有六日石祥老人趙藩書
有清一代善書者以乾隆朝為最盛大半皆師趙董南園
生其時獨宗平原論者謂其不徇時趨即此見劉正不阿之槩包慎
伯評書亦稱其能守古法是皆知南園而猶有未盡也南園之書固
守古法亦多自出新意其筆力直駕平原而上之何貞老嘗有是語
豈予之私言哉此幅取法率更與所書大招鵩鳥賦樂志皆作是體
知南園於率更書有深嗜時致力焉非偶然涉筆及之也
西屏獲此而寶藏之固其宜矣丁卯正月昆明陳榮昌敬題
[局部]

行书对联 ［173×30cm×2］ 纸本

［清］钱南园

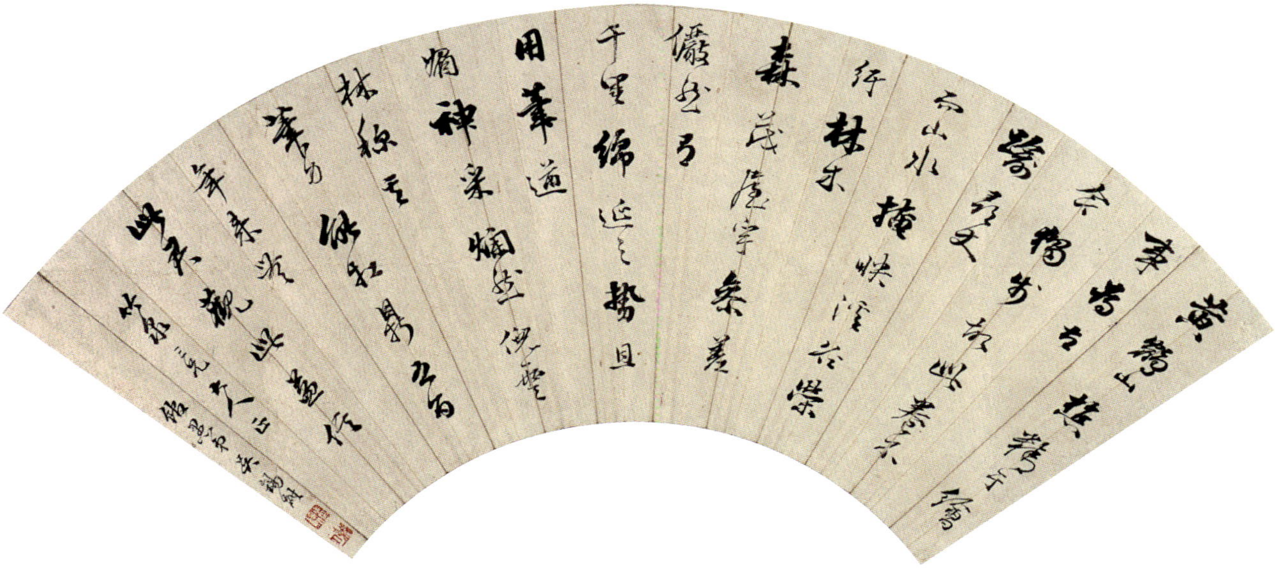

书法扇面 ［97×29cm］ 纸本

［清］吴锡麒

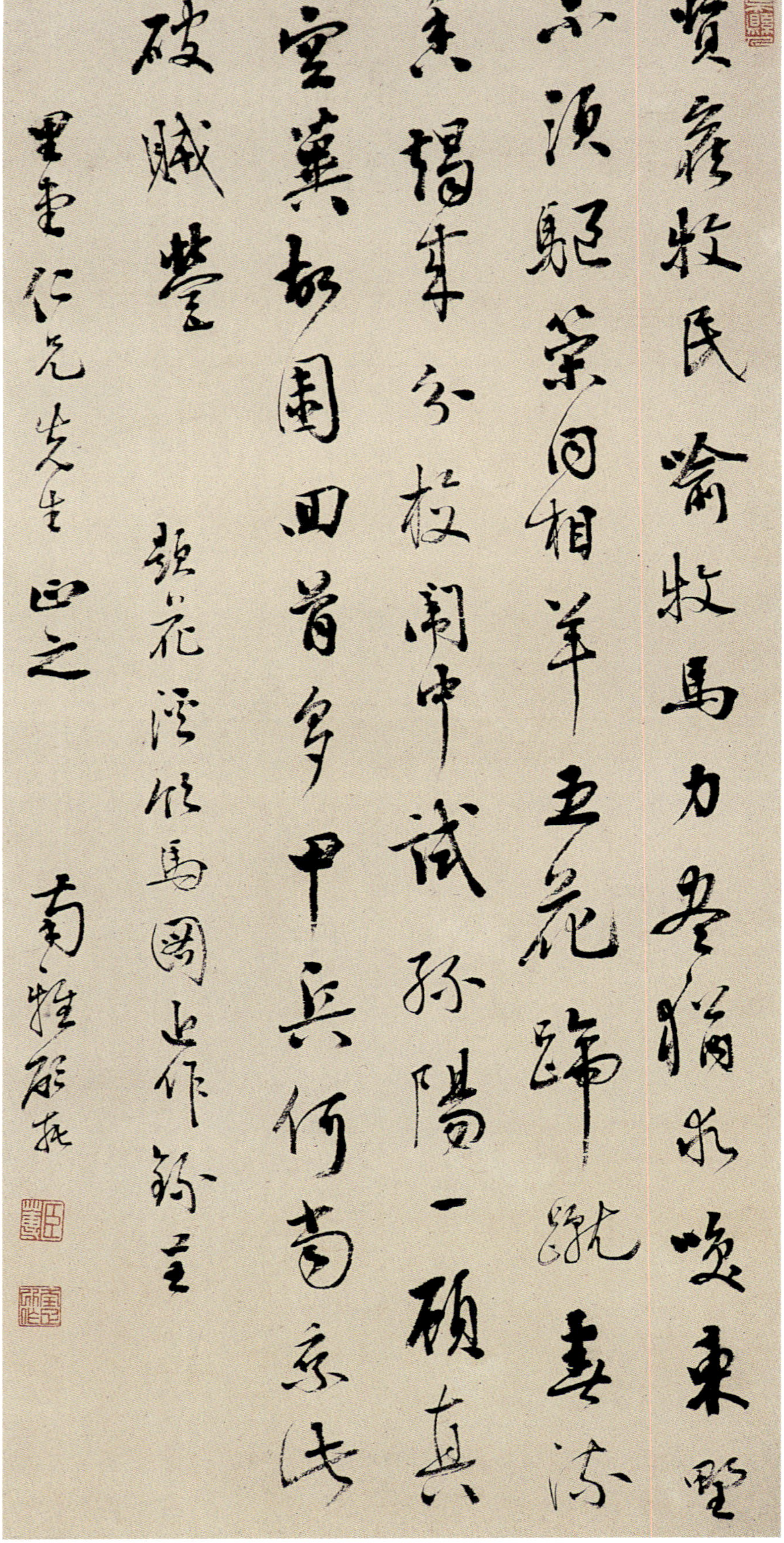

行书立轴［66×32cm］纸本

［清］顾莼

米家山水图轴［103×190cm］纸本

［清］李诂

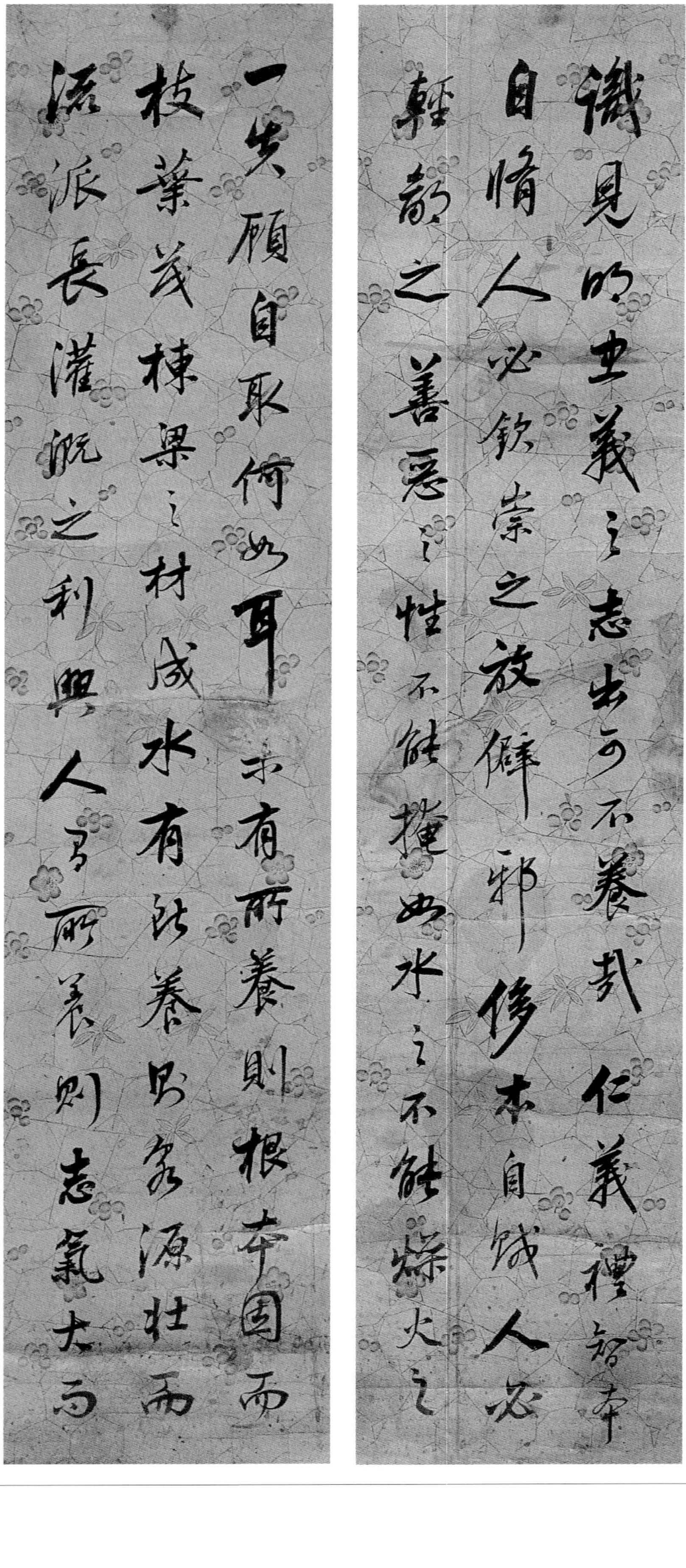
識見明忠義之志出而不養哉仁義禮智本
自惰人必欽崇之放僻邪修本自賤人必
輕蔑之善惡之性不能權如水之不能燎火之
一失顧自取何如耳亦有所養則根本固而
枝葉茂棟梁之材成水有所養則源壯而
流派長灌溉之利與人有所養則志氣大而

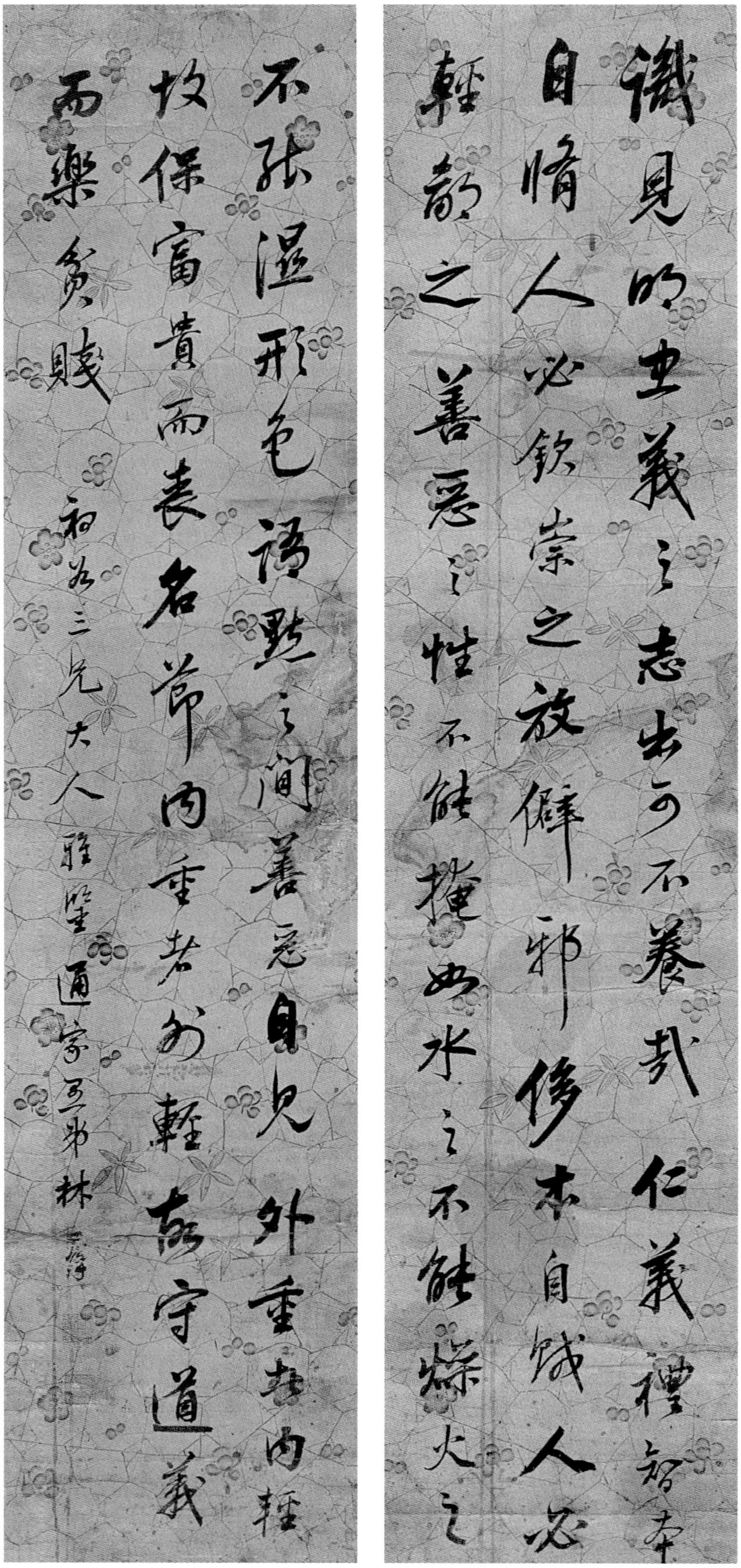

行书四条屏［135×30cm×4］花笺

［清］林则徐

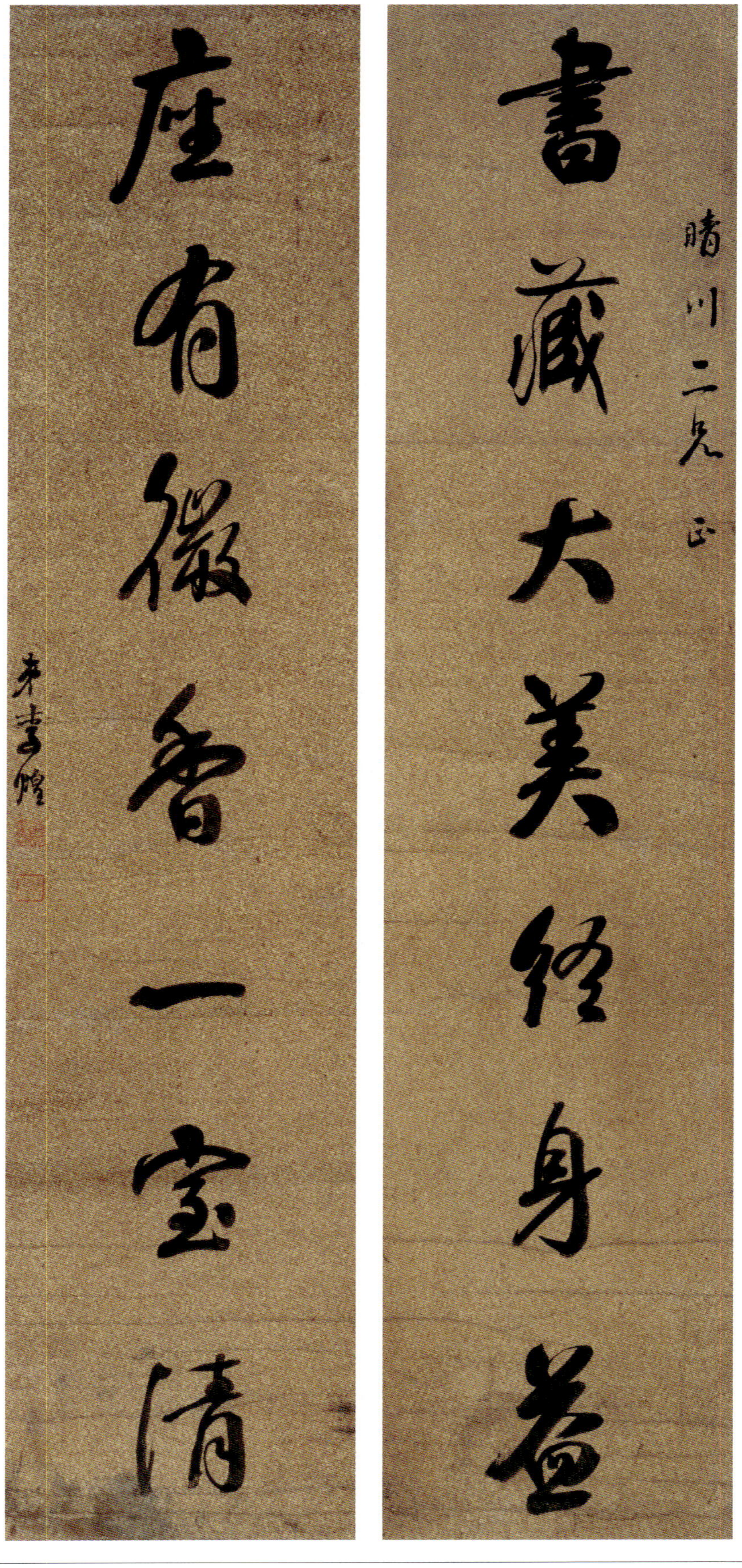

行书对联［130×30cm×2］洒金纸本

［清］李煌

微香一

来書唁

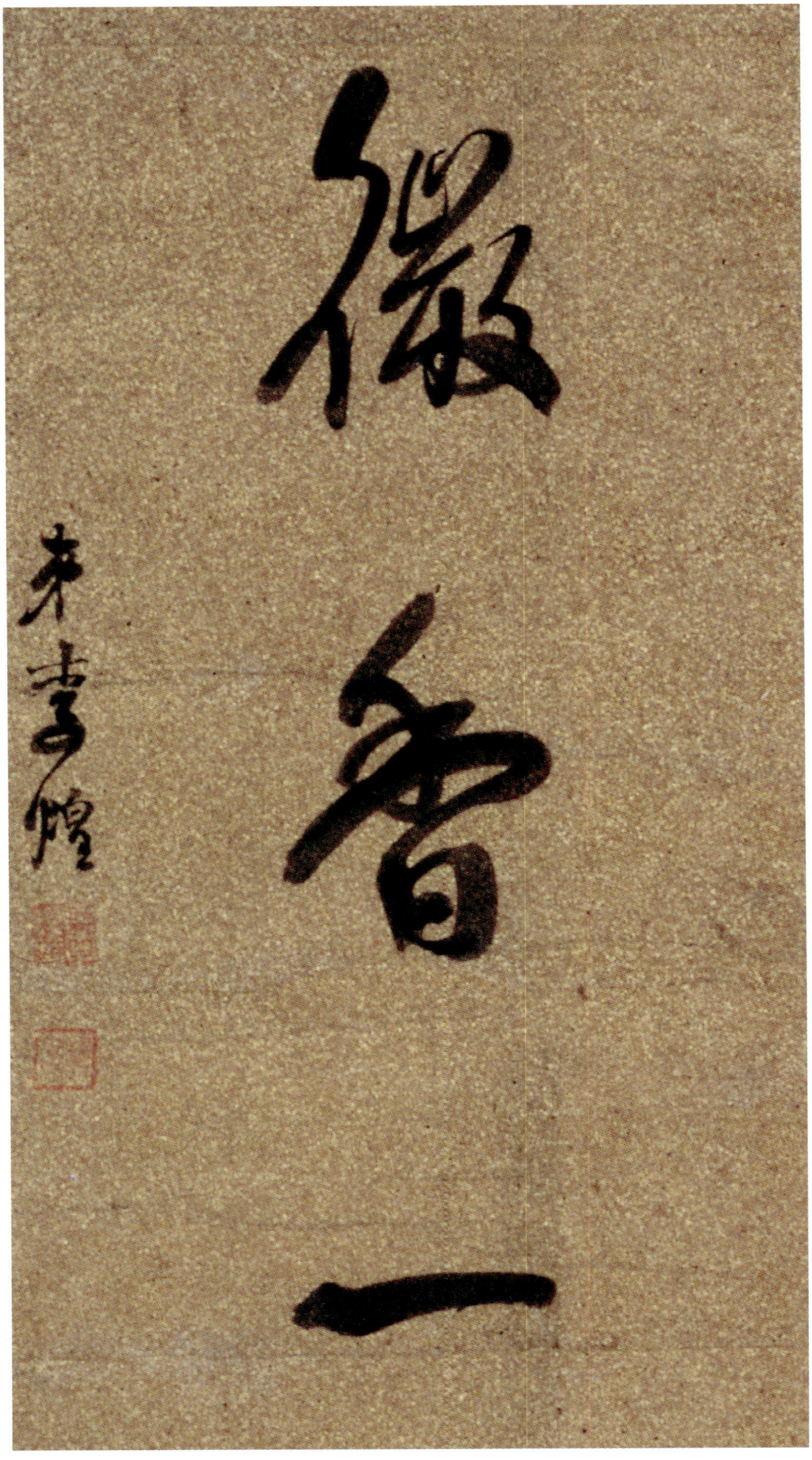

行书轴 ［128×36cm］ 纸本

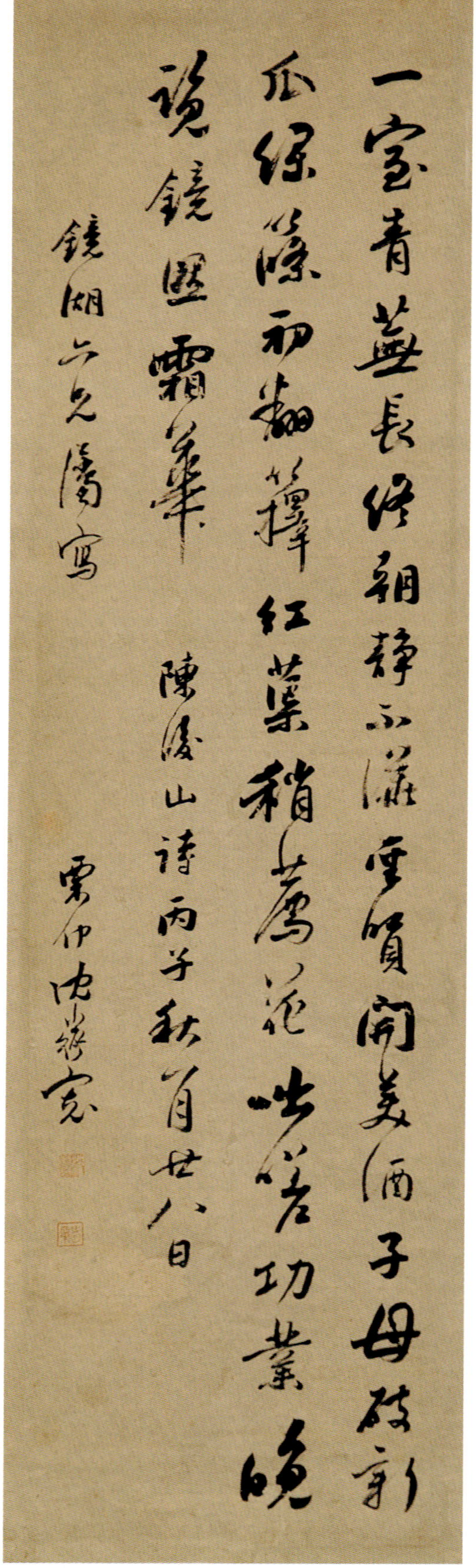

［清］沈道宽

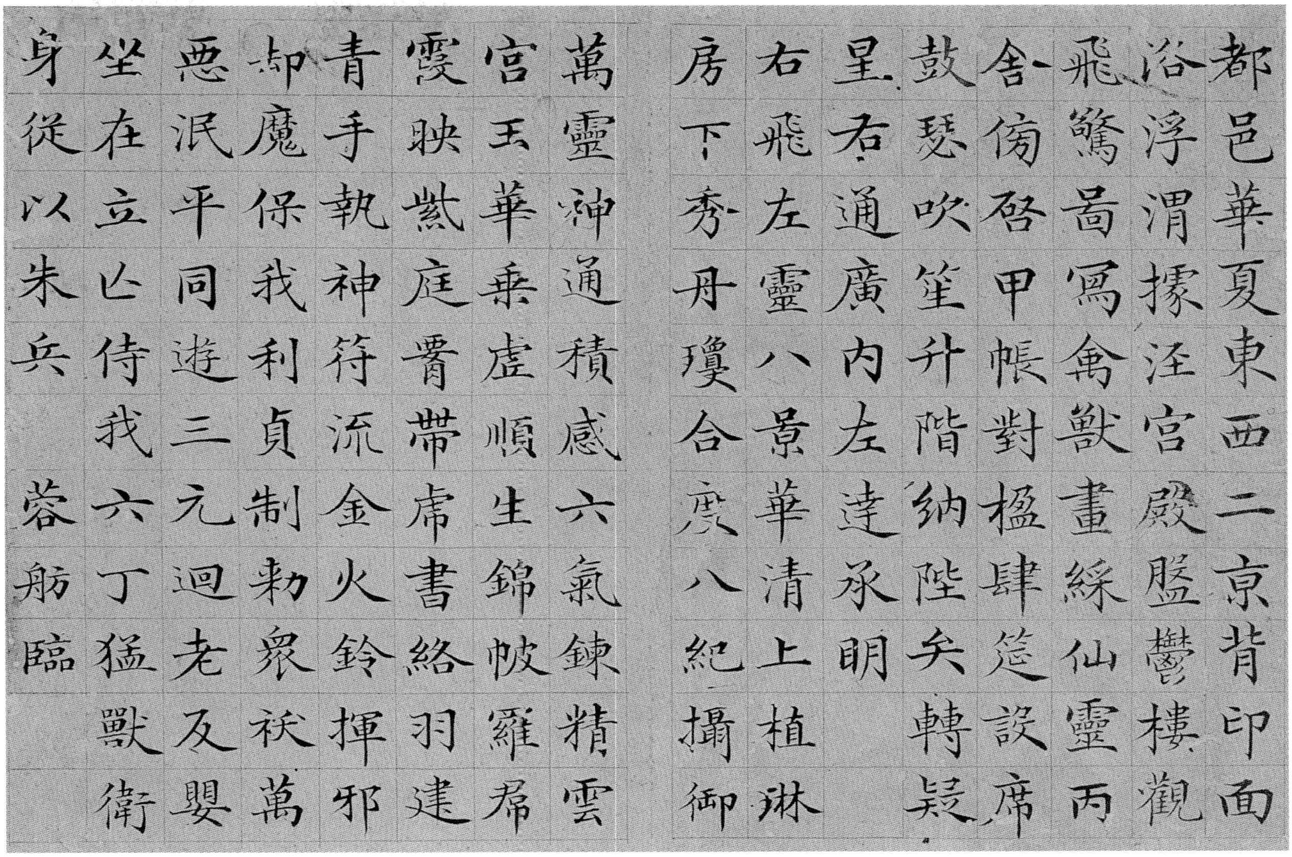
都邑華夏東西二京背卬面
浴浮渭據涇宮殿盤鬱樓觀
飛驚圖寫禽獸畫綵仙靈丙
舍傍啓甲帳對楹肆筵設席
鼓瑟吹笙升階納陛弁轉疑
星右通廣內左達承明
右飛左靈八景華清上植琳
房下秀丹瓊合㾕八紀攝御
萬靈神通積感六氣鍊精雲
宮玉華乘虛順生錦帔羅帬
霞映紫庭胥帶虎書絡羽建
青手執神符流金火鈴揮邪
却魔保我利貞制勅衆祆萬
惡泯平同遊三元迴老及嬰
坐在立亡侍我六丁猛獸衛
身從以朱兵
蓉舫臨

书法斗方［29×20cm］纸本
［清］赵光

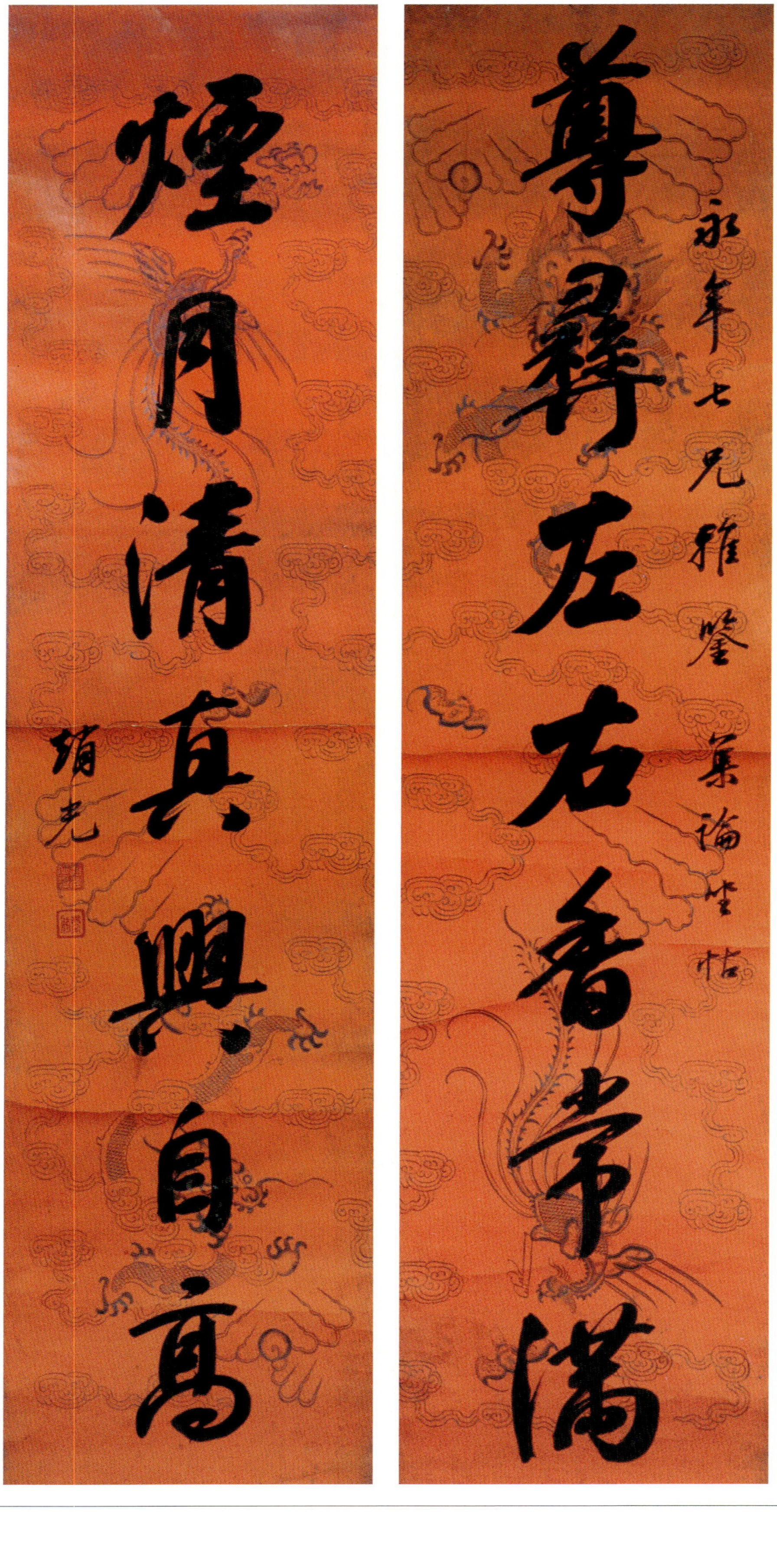
尊彝左右香常滿
永年七兄雅鑒
集論坐帖
煙月清真興自高

行书对联 ［128×36cm×2］ 花笺

［清］ 赵光

［局部］

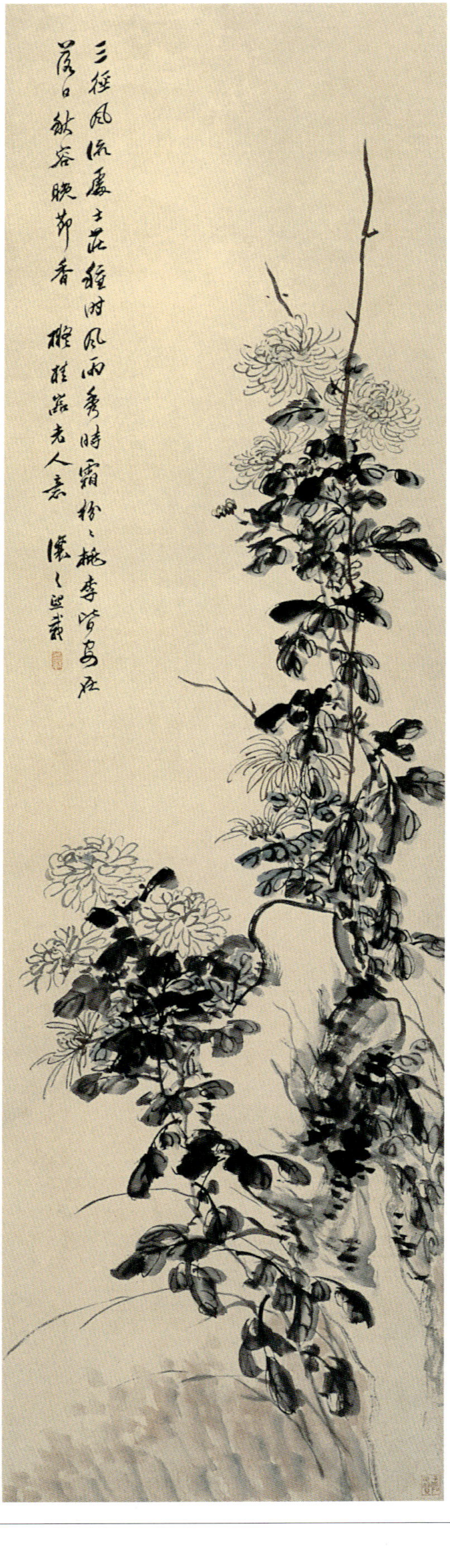

落日秋容 ［166.5×47cm］ 纸本

［清］吴熙载

行书对联［108×23cm×2］花笺

［清］刘琨

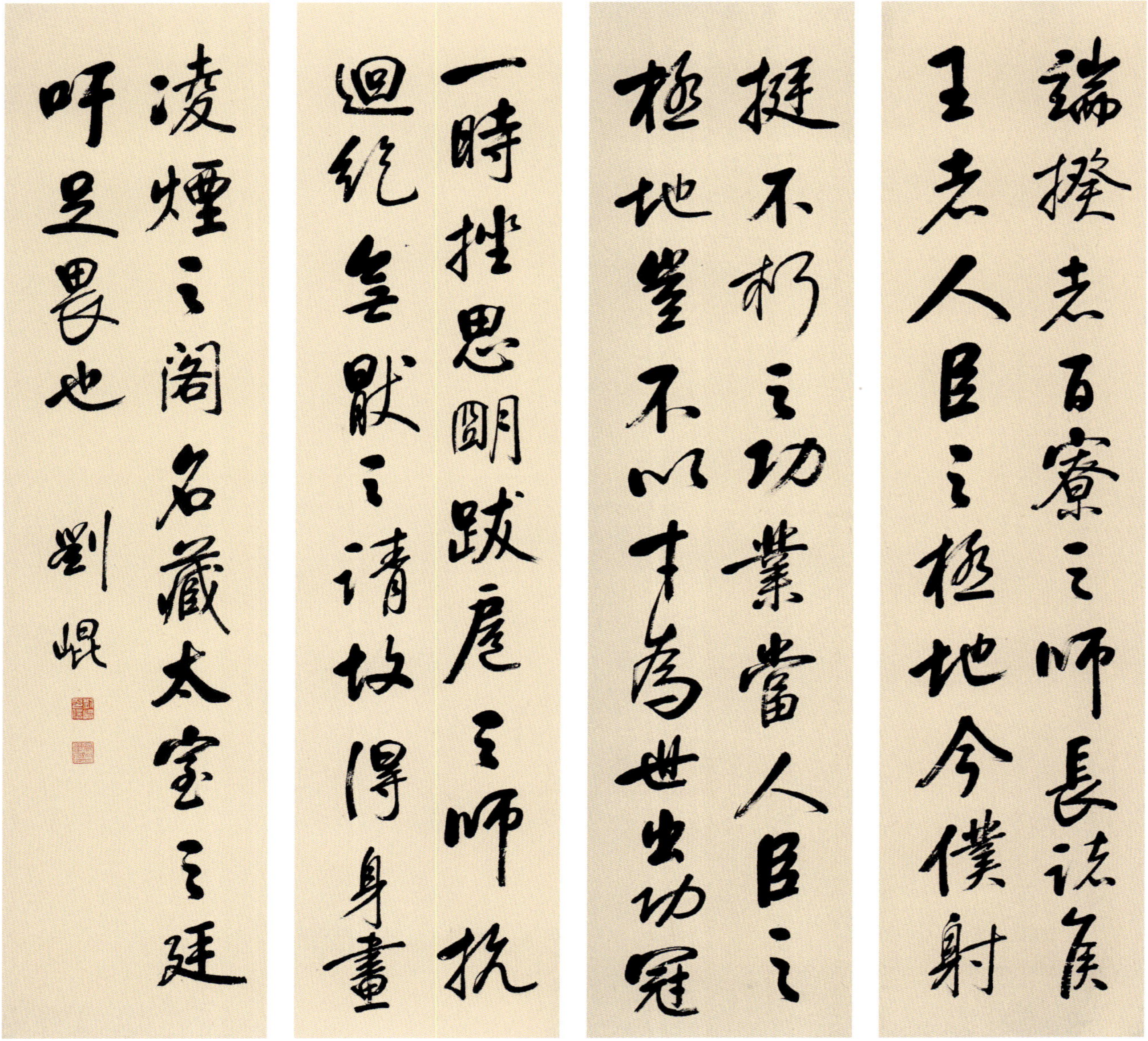
端揆者百寮之師長諸侯
王者人臣之極地今僕射
挺不朽之功業當人臣之
極地豈不以才為世出功冠
一時挫思明跋扈之師抗
迴紇無厭之請故得身畫
凌煙之閣名藏太室之廷
吁足畏也
劉焜

书法四条屏 ［150×40cm×4］ 纸本
［清］刘焜

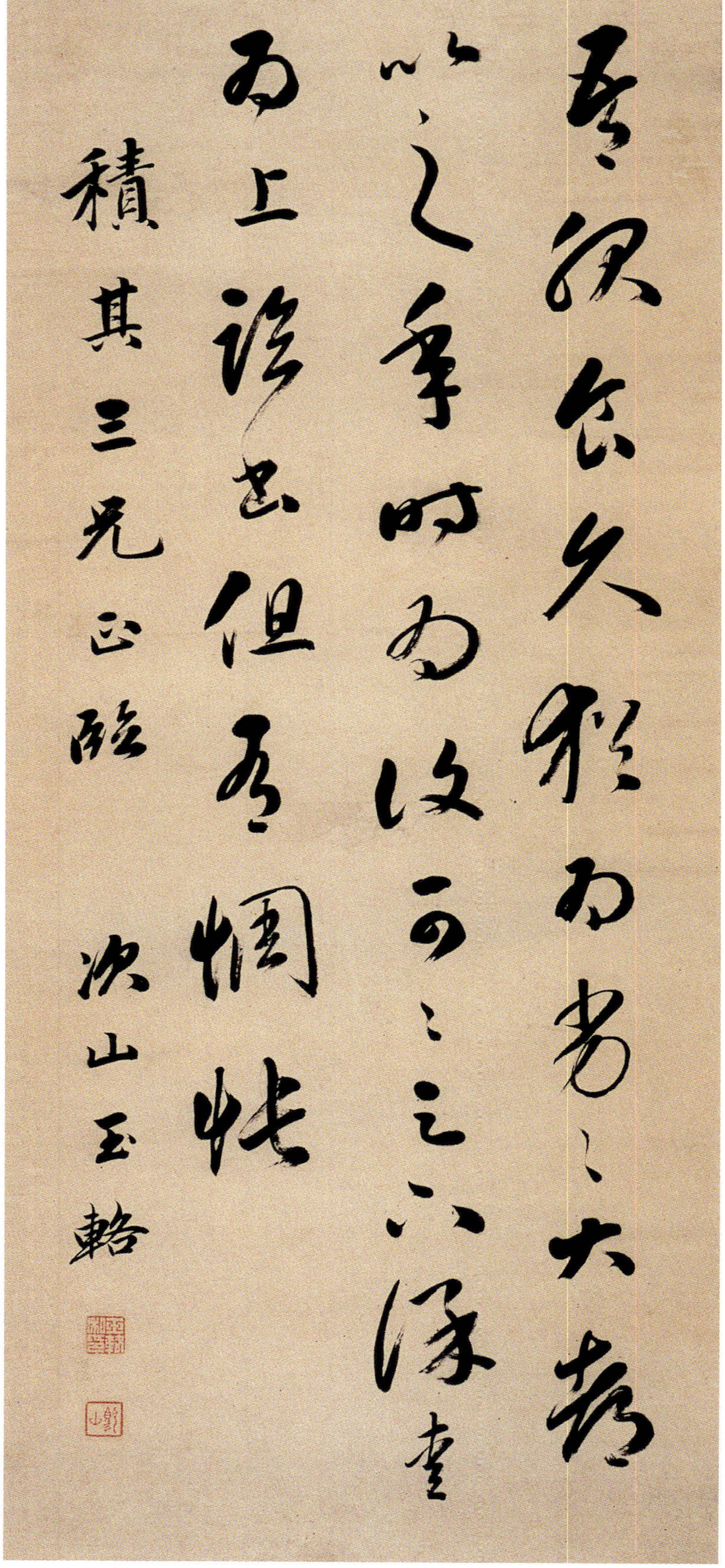

书法轴［82×36cm］纸本

［清］玉辂

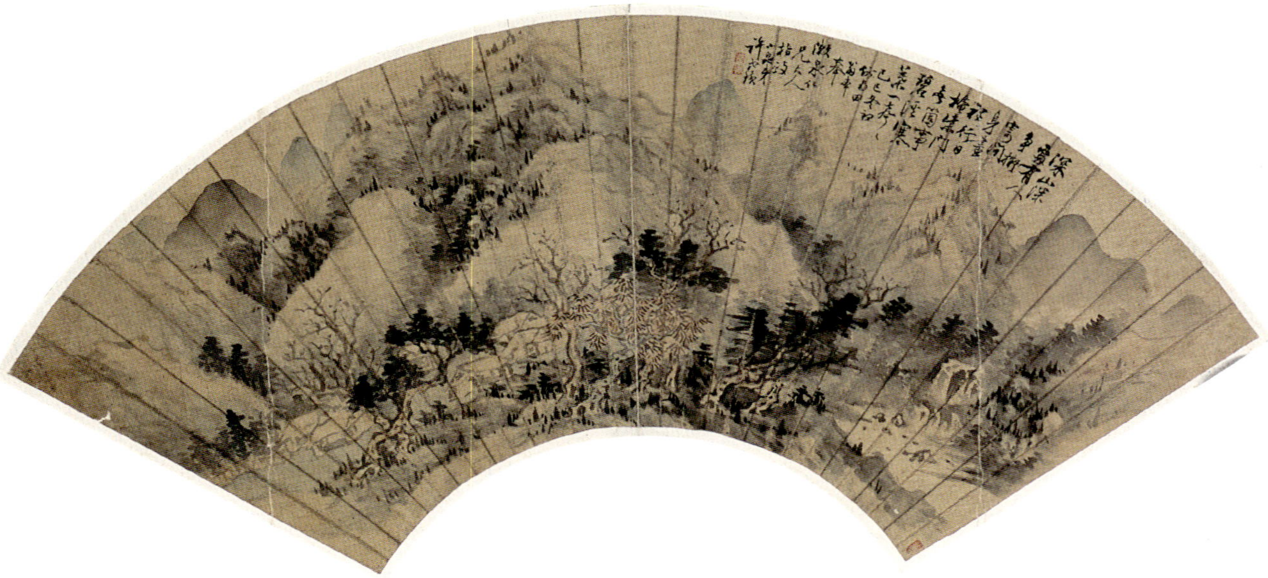

山水扇面 ［52×18cm］ 绢本

［清］许式璜

高士扇面 ［25×22cm］ 绢本
［清］苏六朋

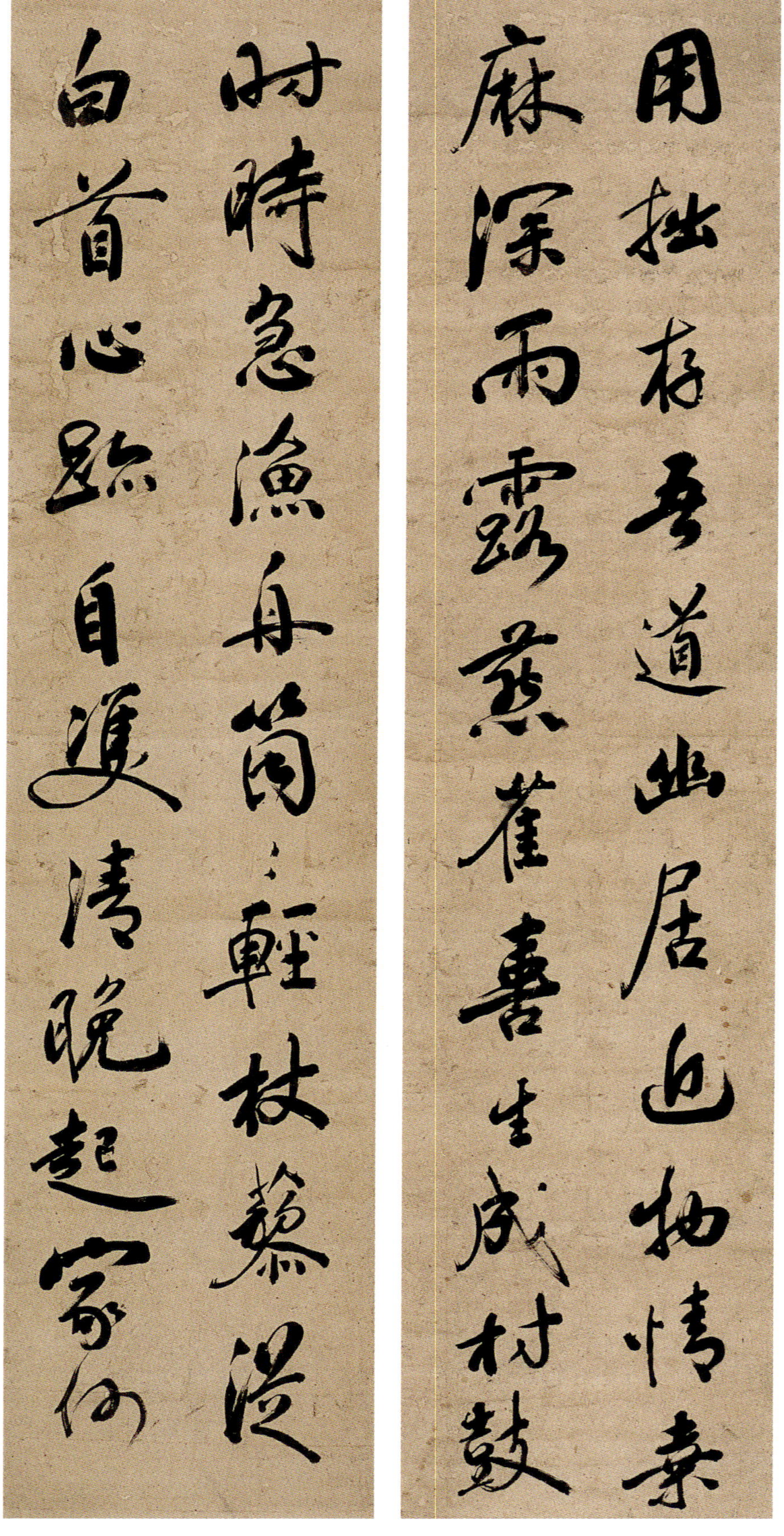
用拙存吾道幽居近物情桑
麻深雨露燕雀書生成村鼓
时時急漁舟箇：輕杖藜從
白首心跡

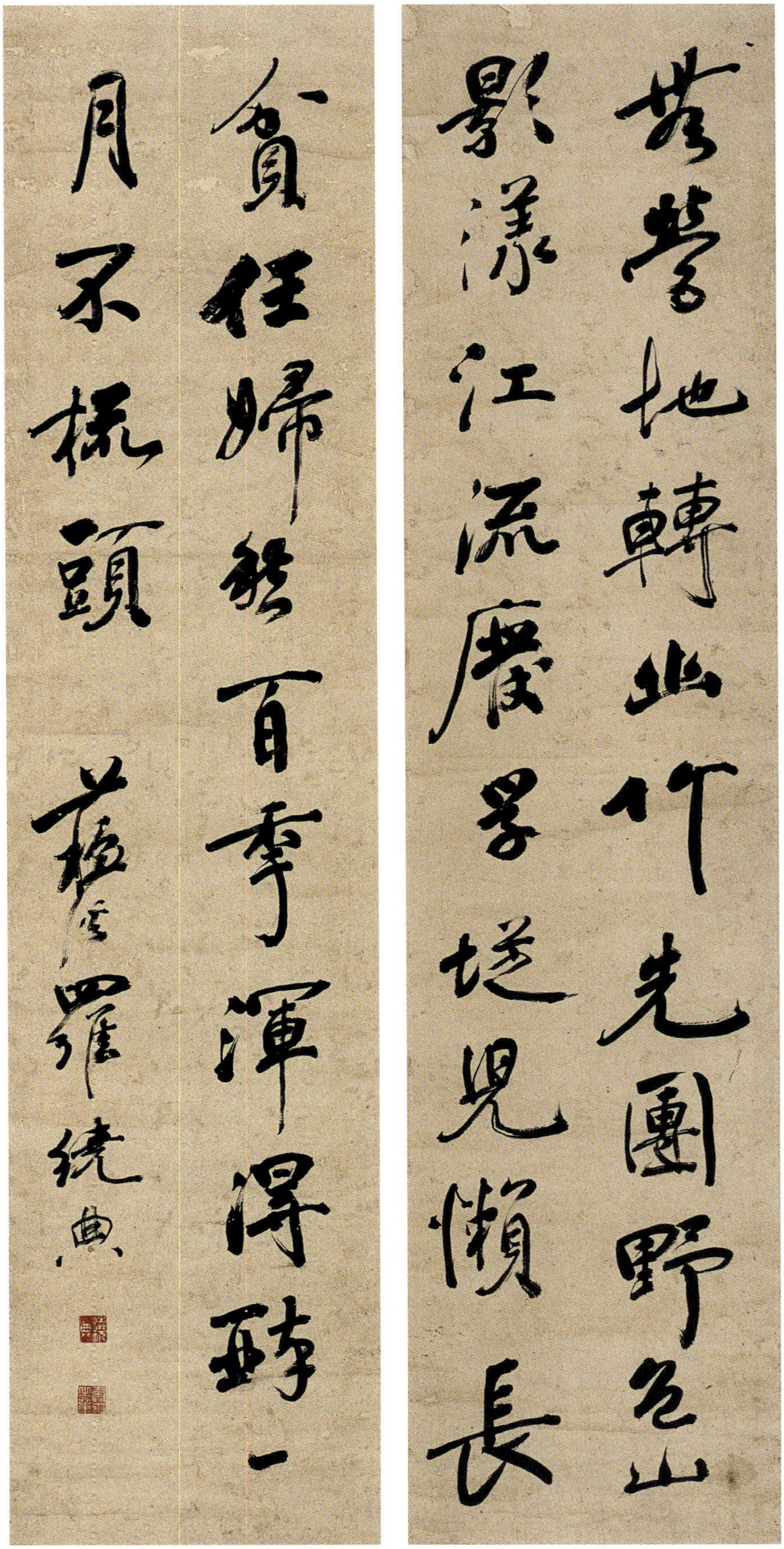

［清］罗绕典　行书四条屏［110×26cm×4］纸本［新装裱］

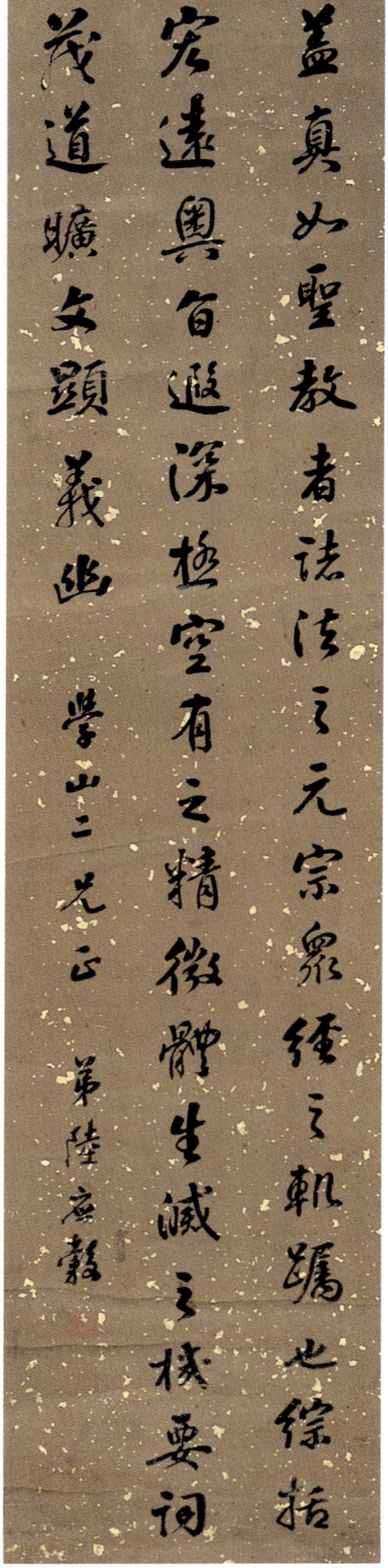

书法轴 [128×35cm] 洒金纸本

[清] 陆应谷

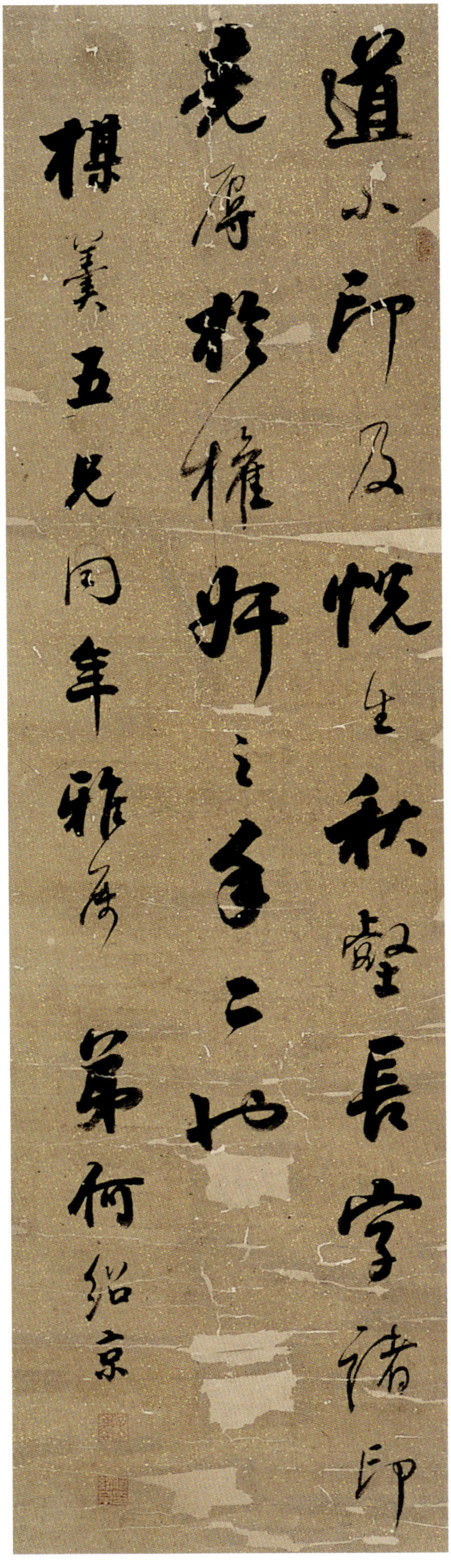

行书轴［109×30cm］洒金纸本

［清］何绍京

书法对联 ［125×29cm×2］ 云母笺

［清］胡林翼

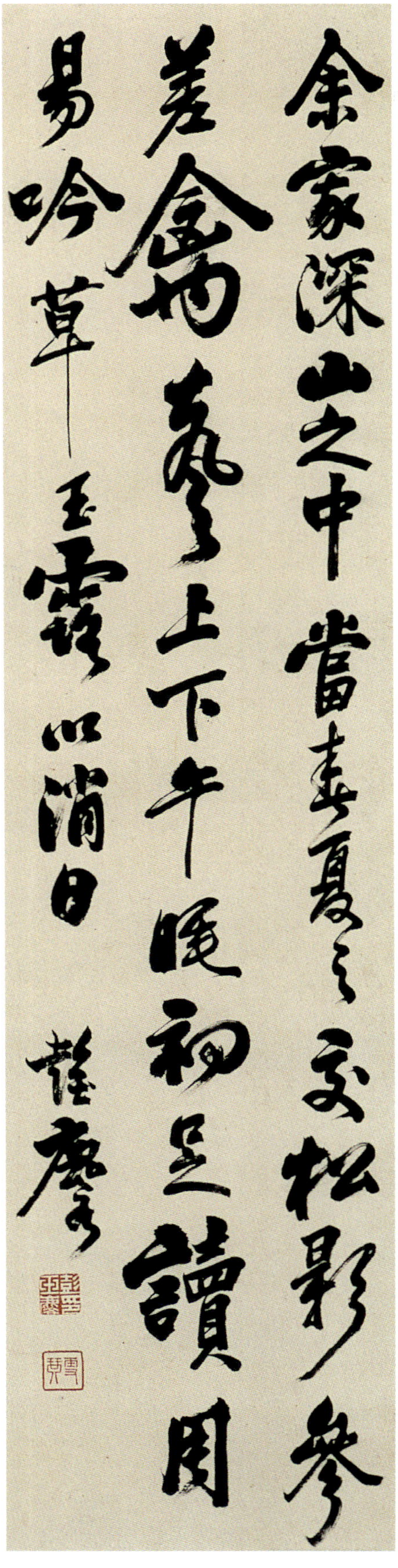

行书轴［128×31cm］纸本

［清］彭玉麟

草书中堂［166c×89cm］纸本

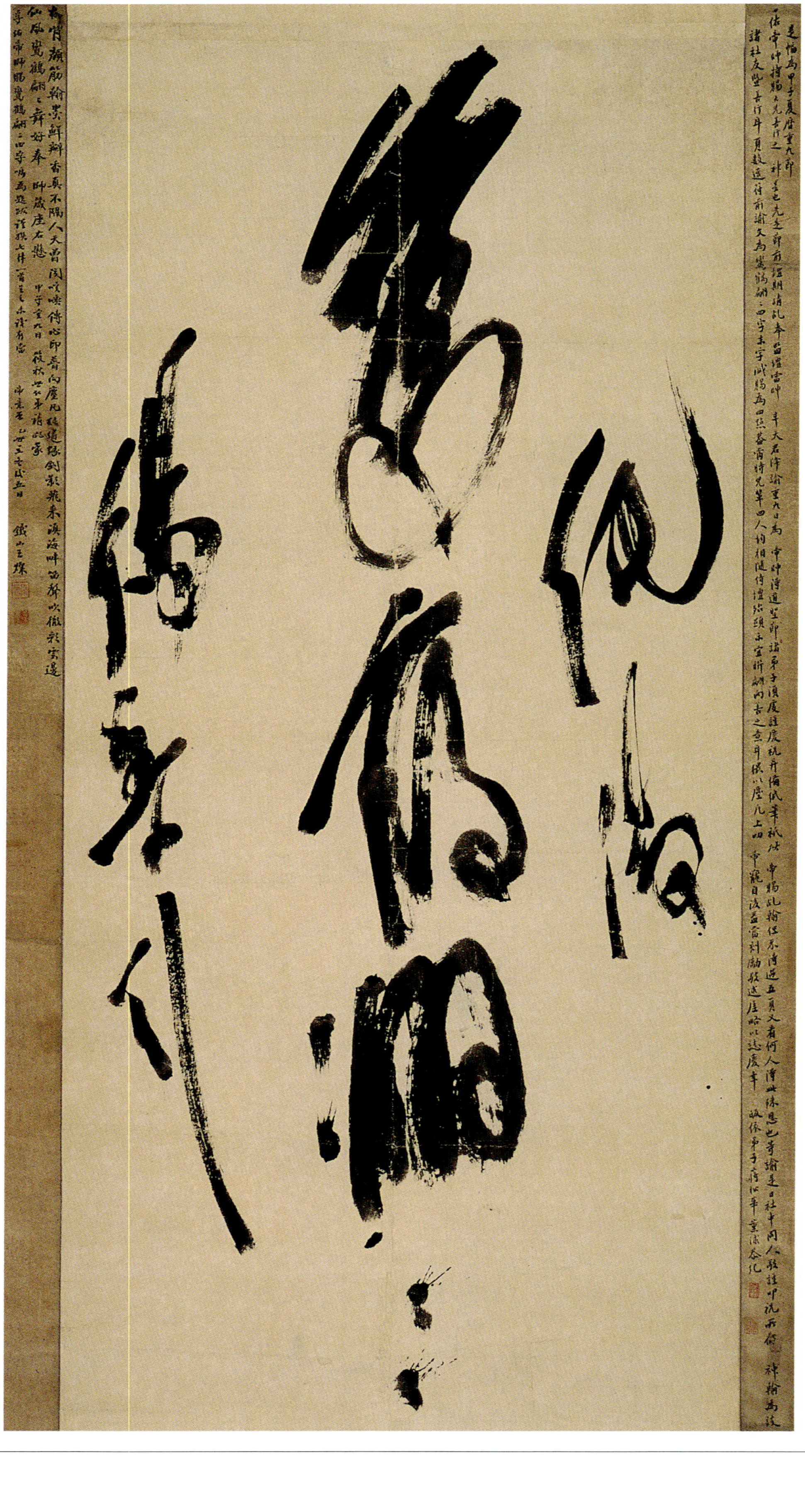

［清］纯阳道人

行书对联 ［162×33cm×2］ 洒银红笺

［清］何桂清

书法对联［92×19cm×2］纸本

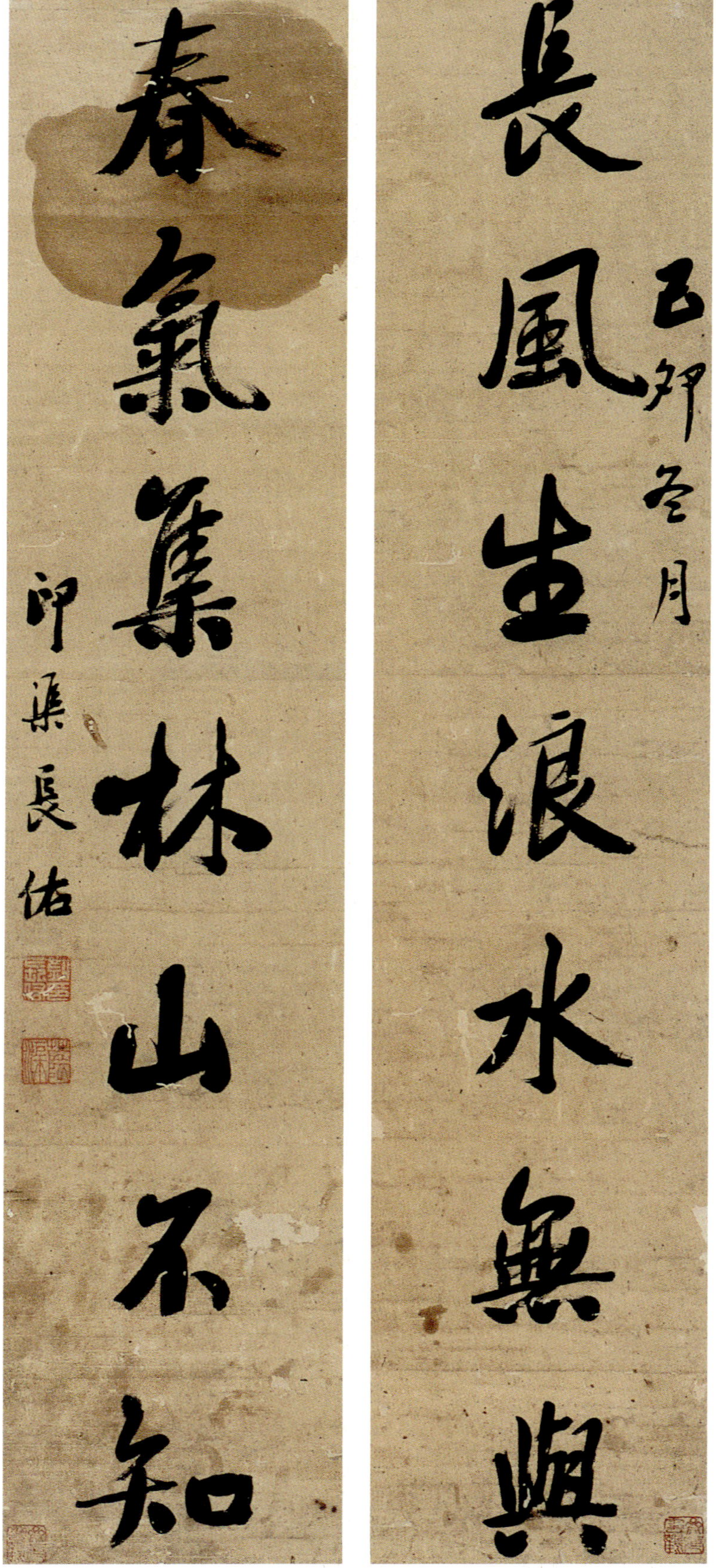

［清］刘长佑

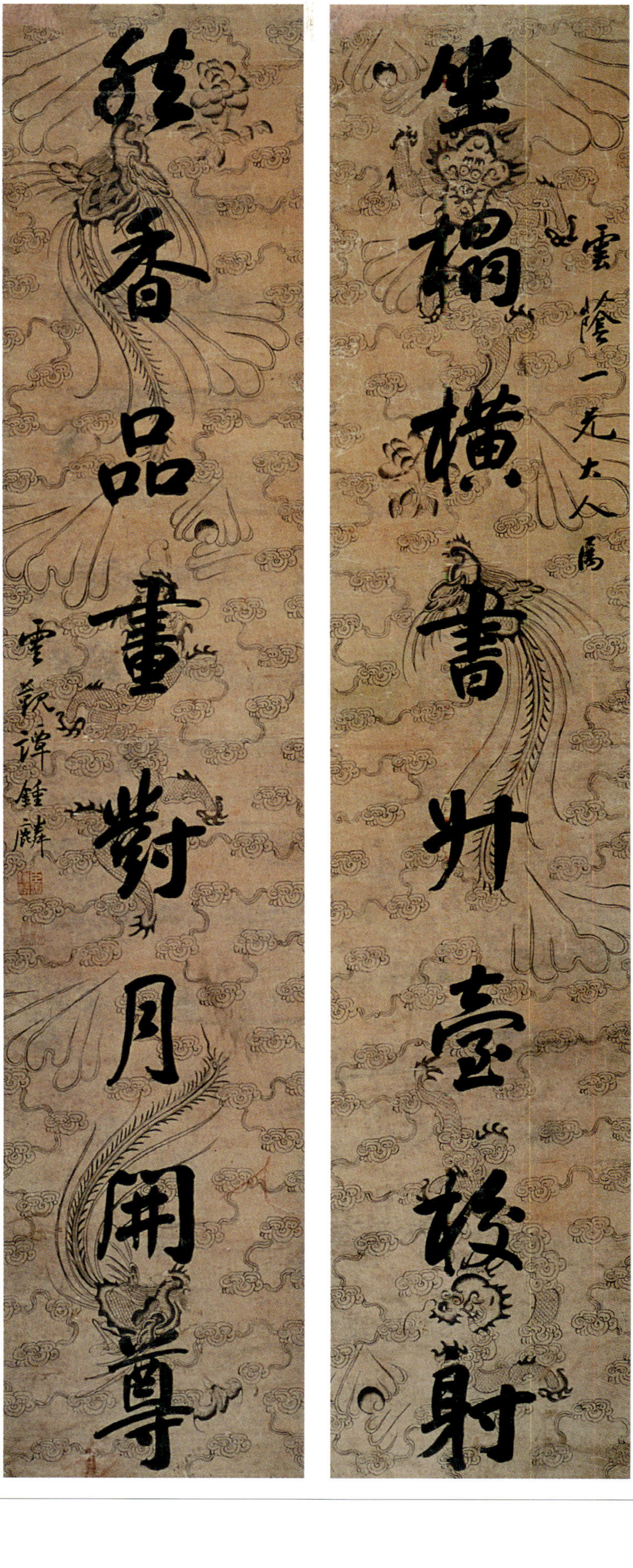

行书对联 ［193×38cm×2］ 花笺

［清］谭钟麟

荷花中堂［193×38cm］绢本

［清］周其淳

三阳开泰 [120×60cm] 纸本

[清] 陈元章

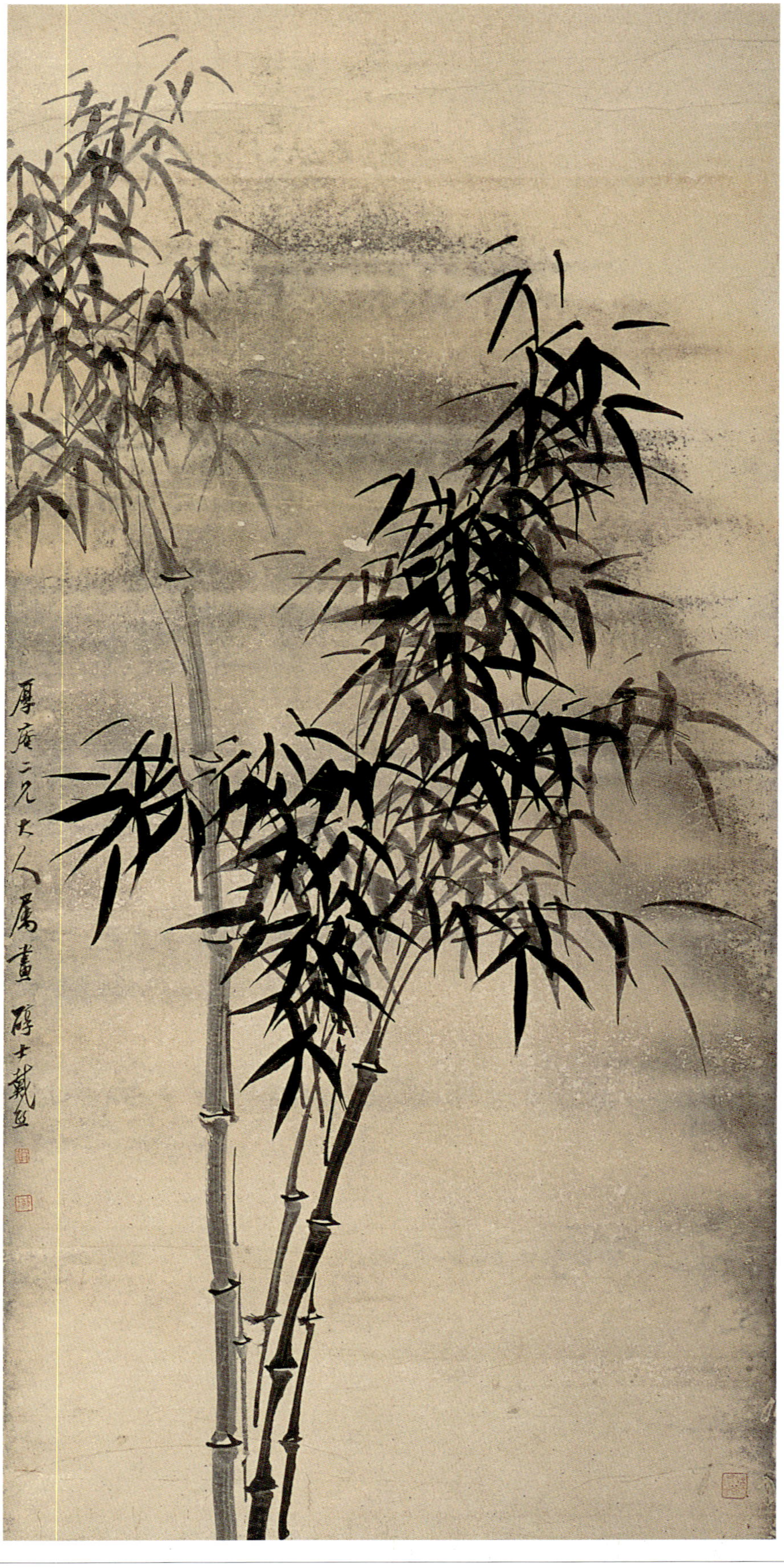
厚庵二兄大人屬畫 醇士戴熙

墨竹图 ［128×63cm］ 纸本

［清］戴熙

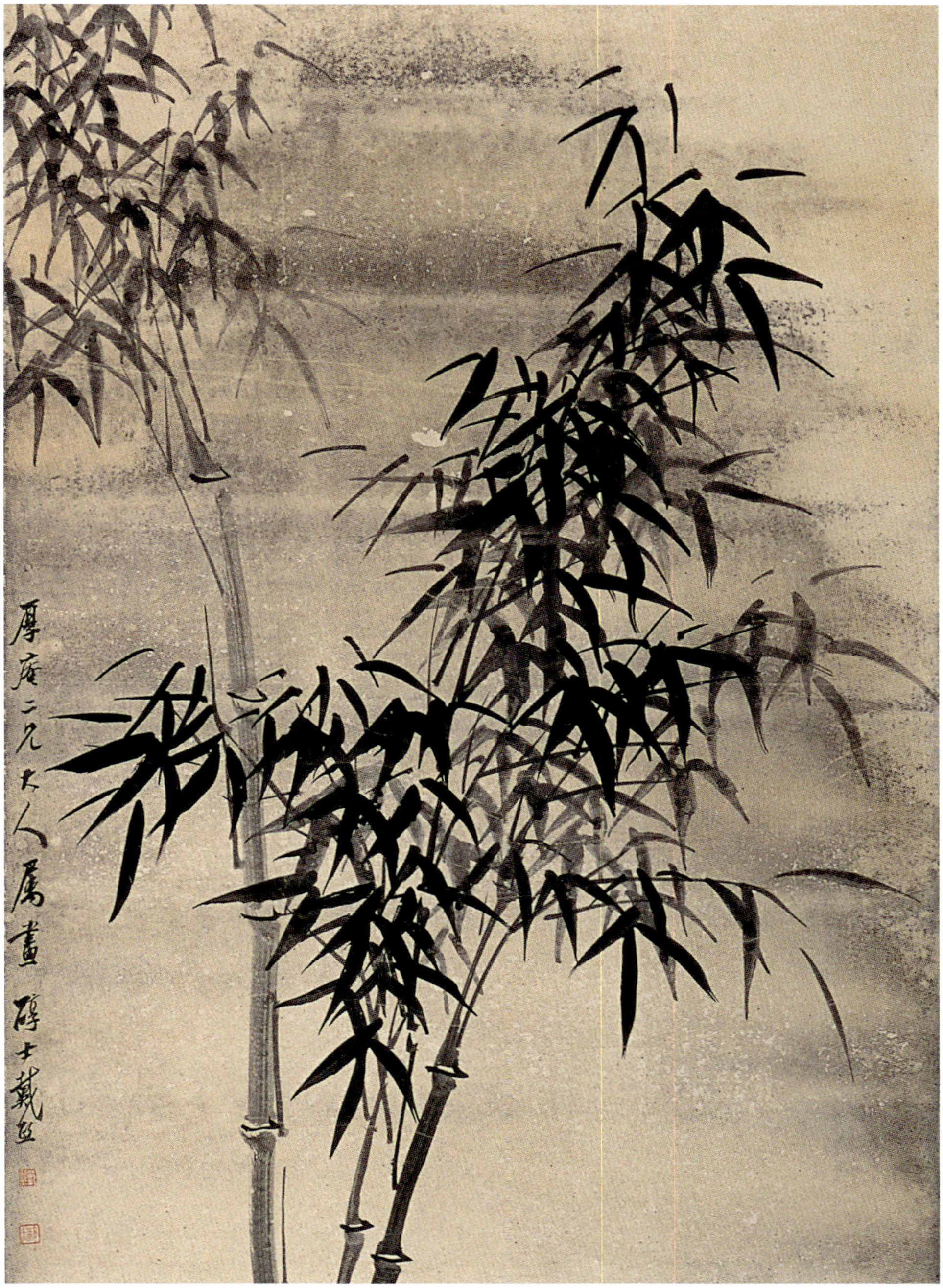
厚庵二兄大人屬畫 醇士戴熙

［局部］

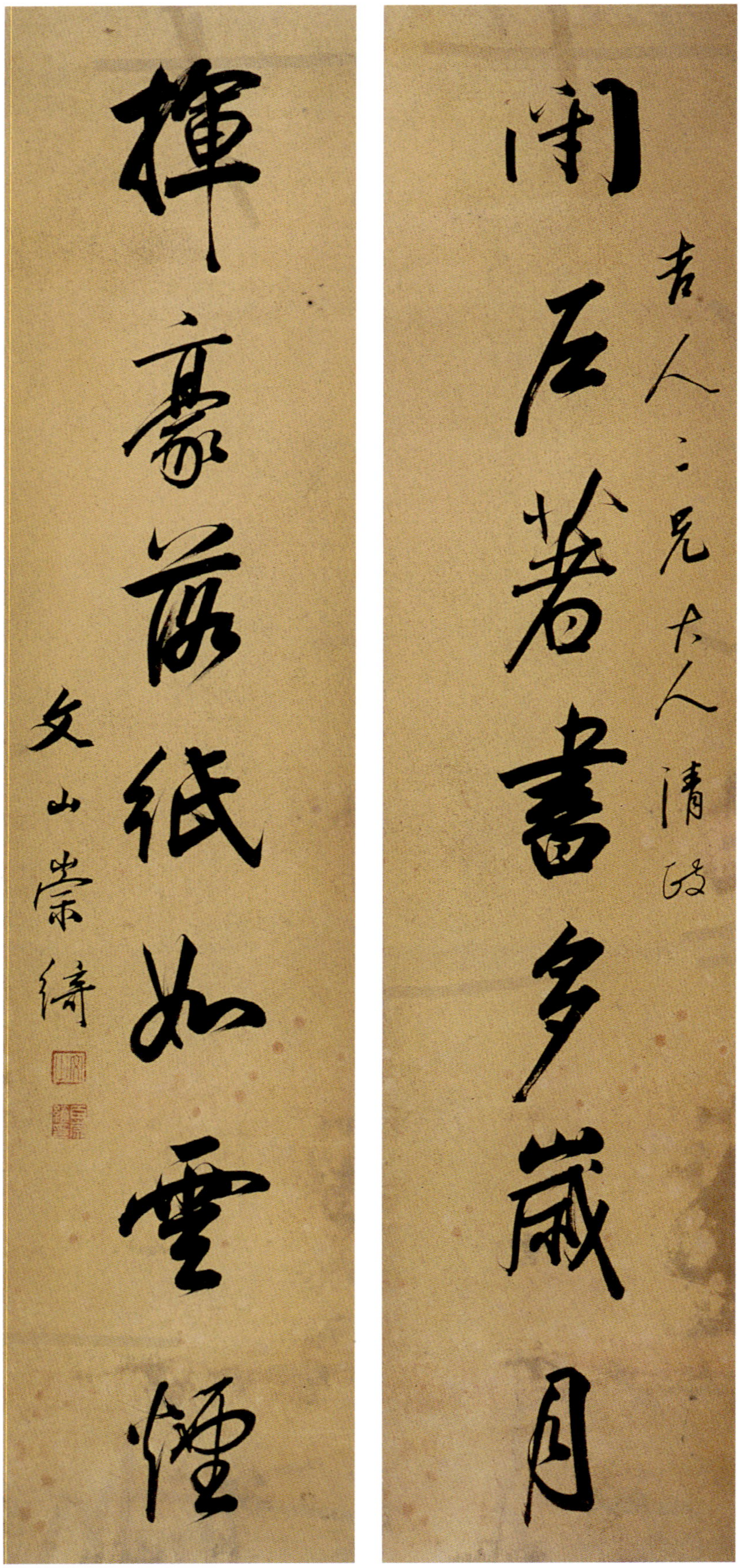
閑居著書多歲月
揮毫落紙如雲煙
吉人二兄大人清政
文山崇綺

行书对联［121.5×26.5cm×2］洒金笺本

［清］崇绮

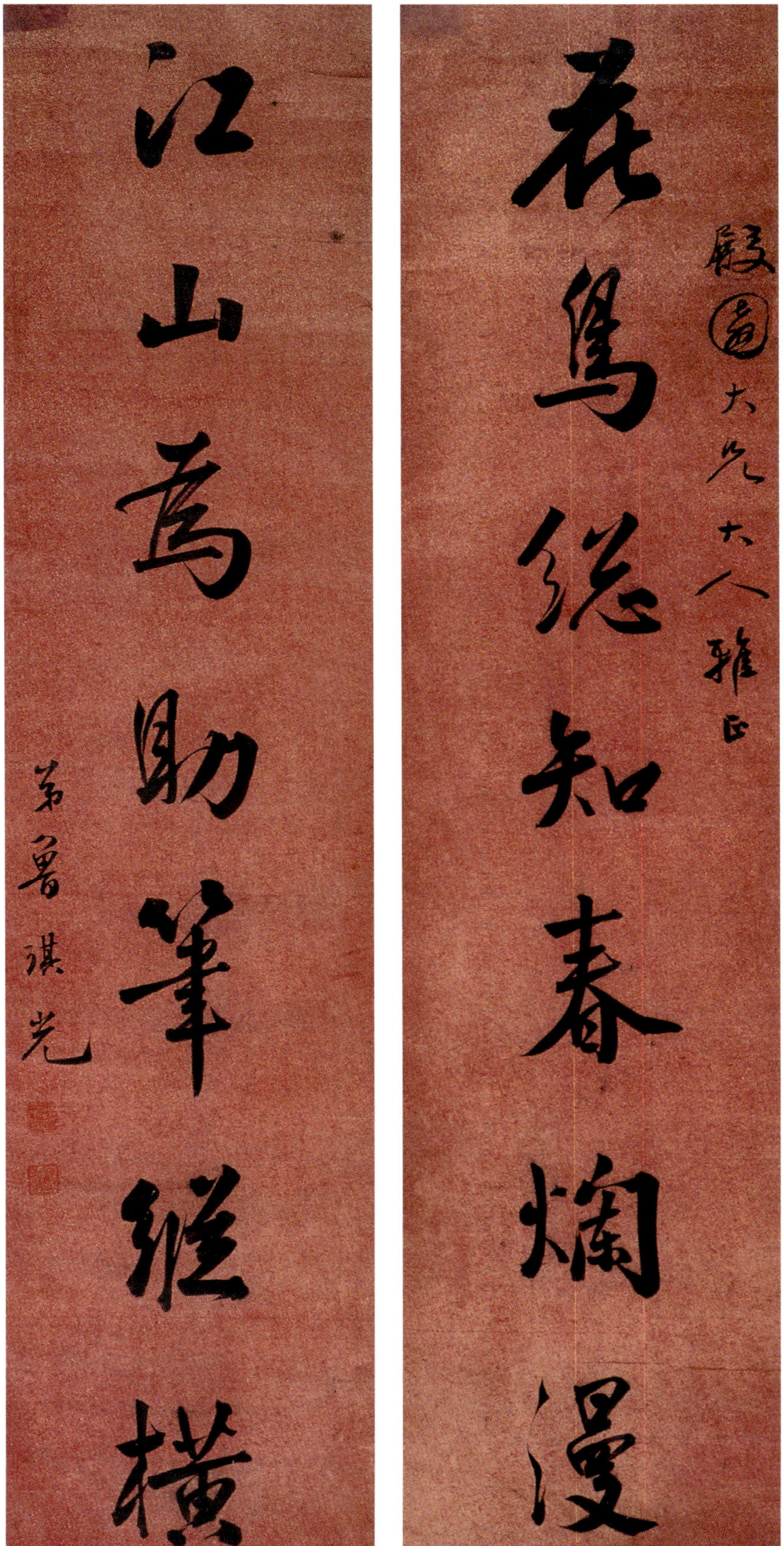

行书对联［125×28cm×2］纸本

［清］鲁琪光

行书对联 ［126×32.5cm×2］ 洒金纸本

［清］潘祖荫

书法四条屏 [126×32.5cm×4] 洒金纸本
[清] 潘祖荫

山水轴［34×21cm］纸本

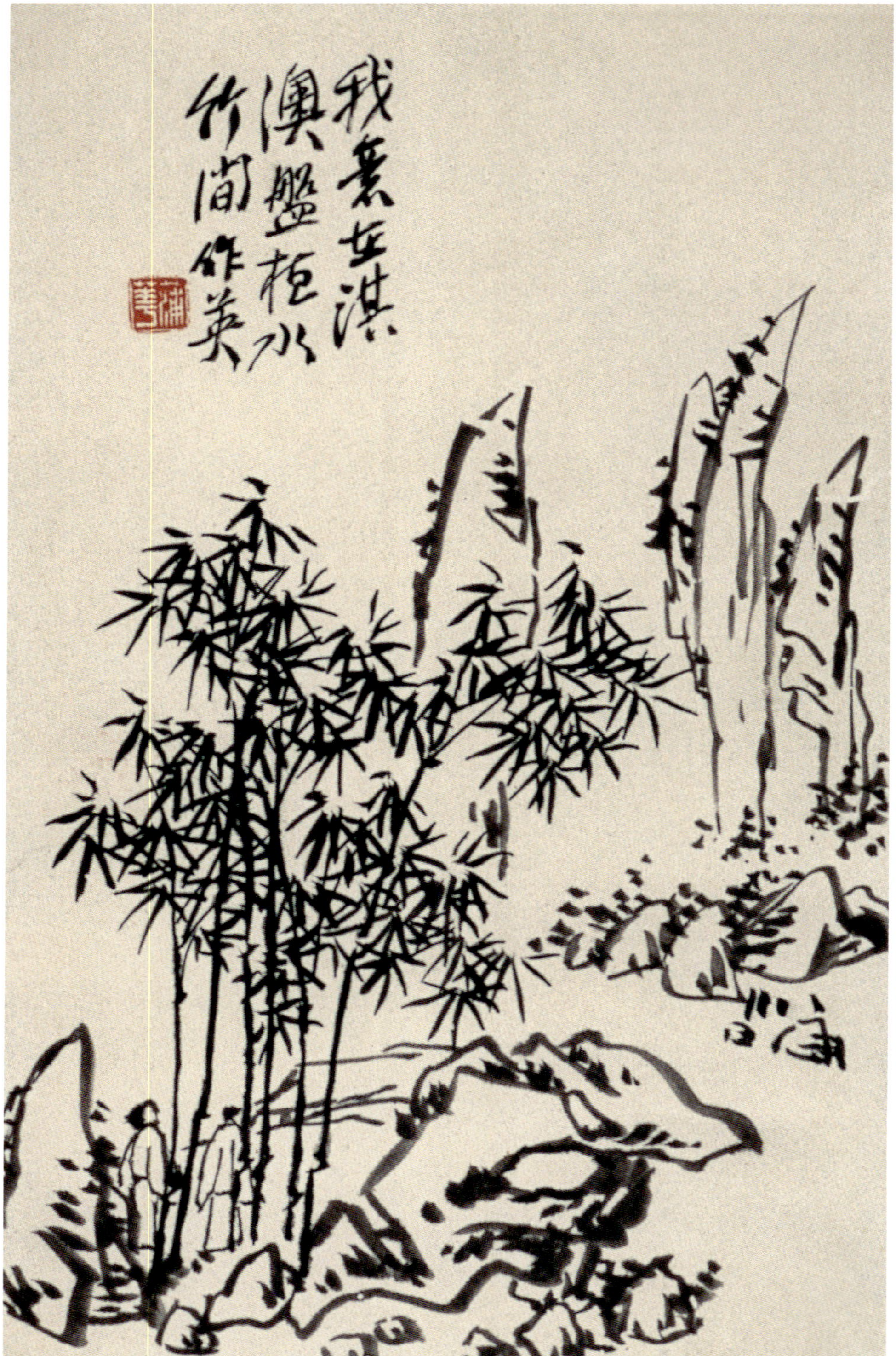

［清］蒲华

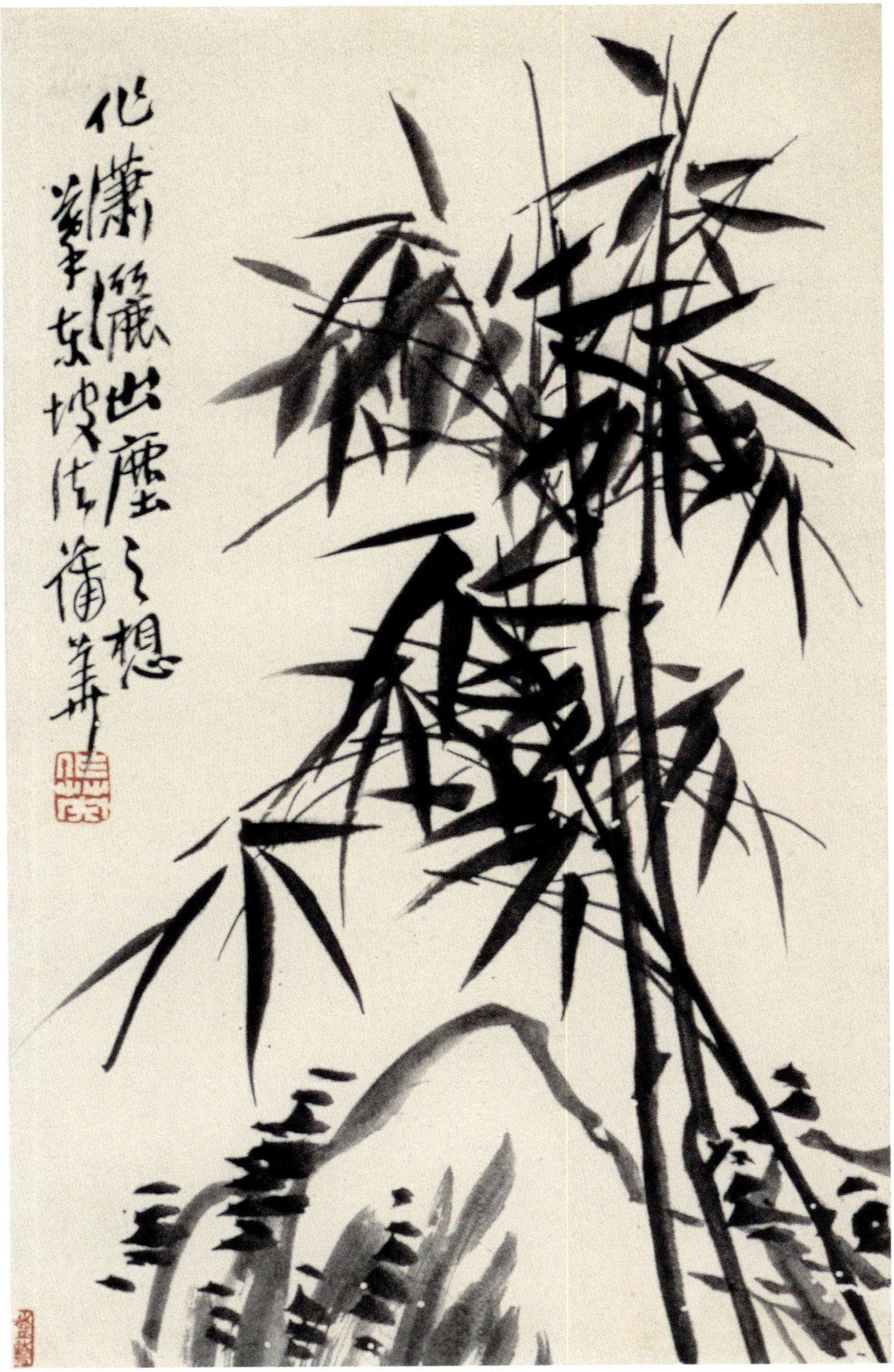

墨竹轴［34×21cm］纸本

［清］蒲华

行书对联 ［110×27.5cm×2］ 洒金纸本

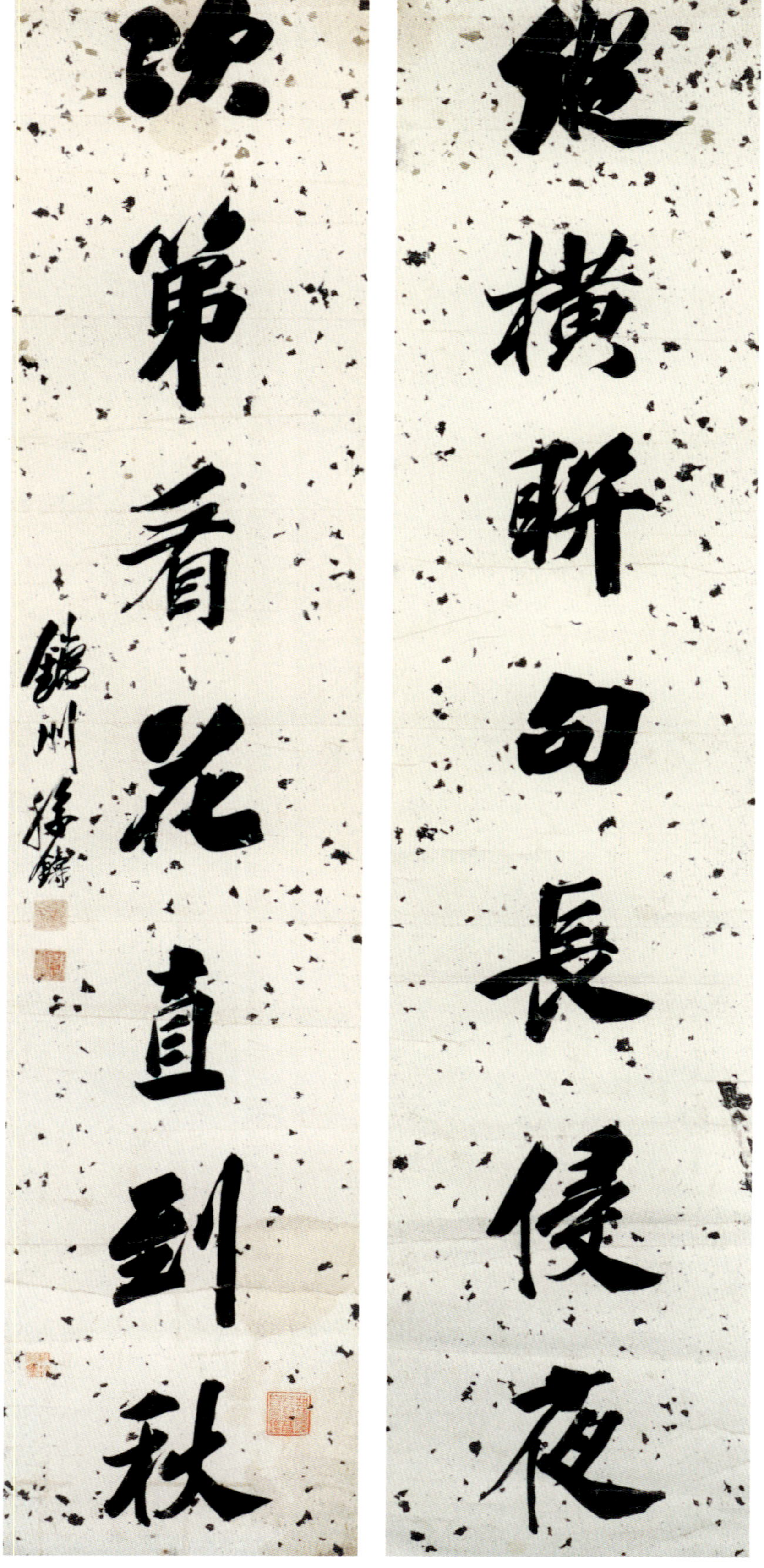

［清］孙铸

［局部］

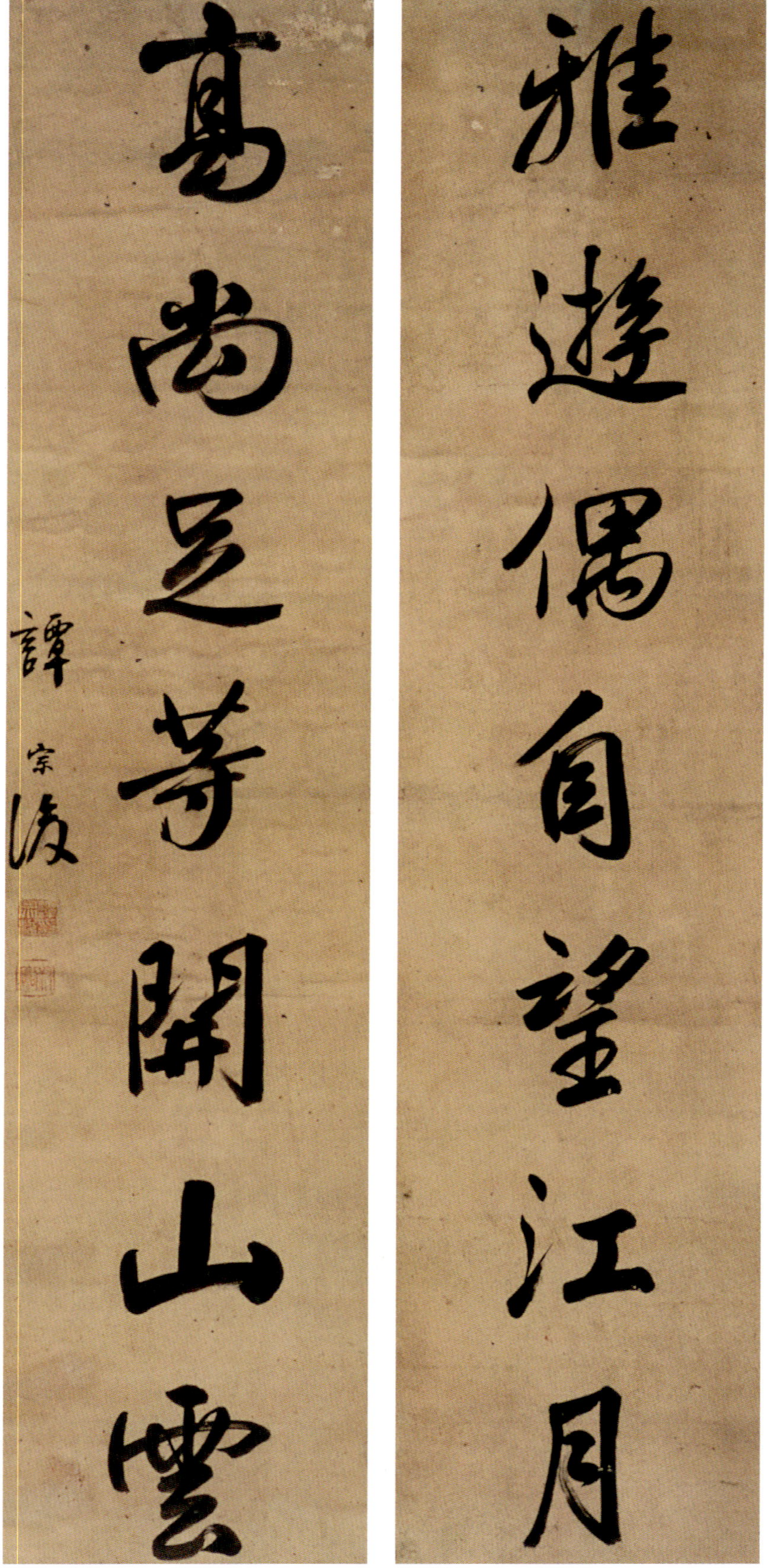

书法对联 ［130×29cm×2］ 纸本

［清］谭宗浚

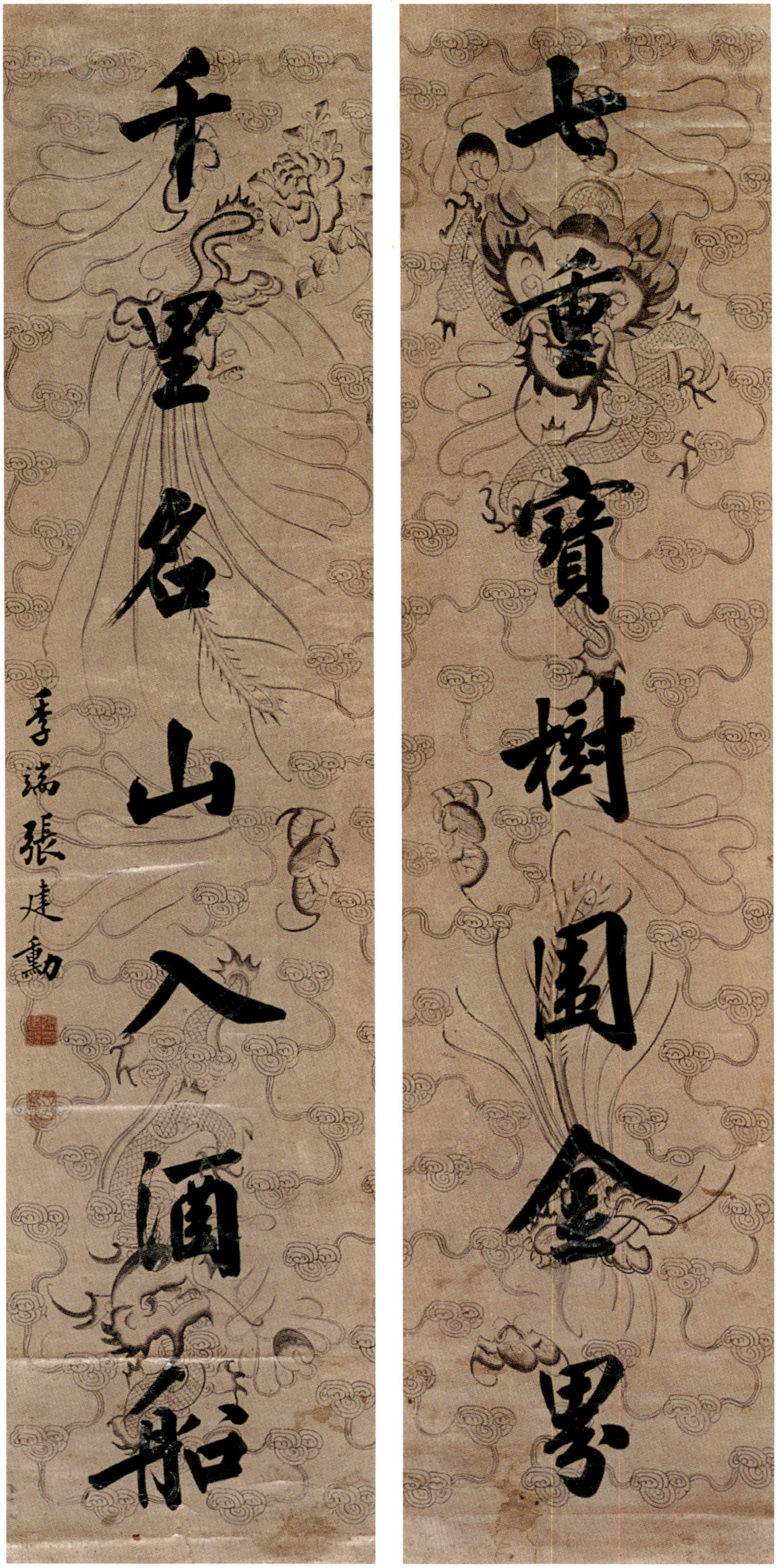
七重寶樹圍金界
千里名山入酒船
季端張建勳

书法对联 ［126×29.6cm×2］ 龙凤腊笺

［清］张建勋

行书对联 ［125×29cm×2］ 洒银纸本

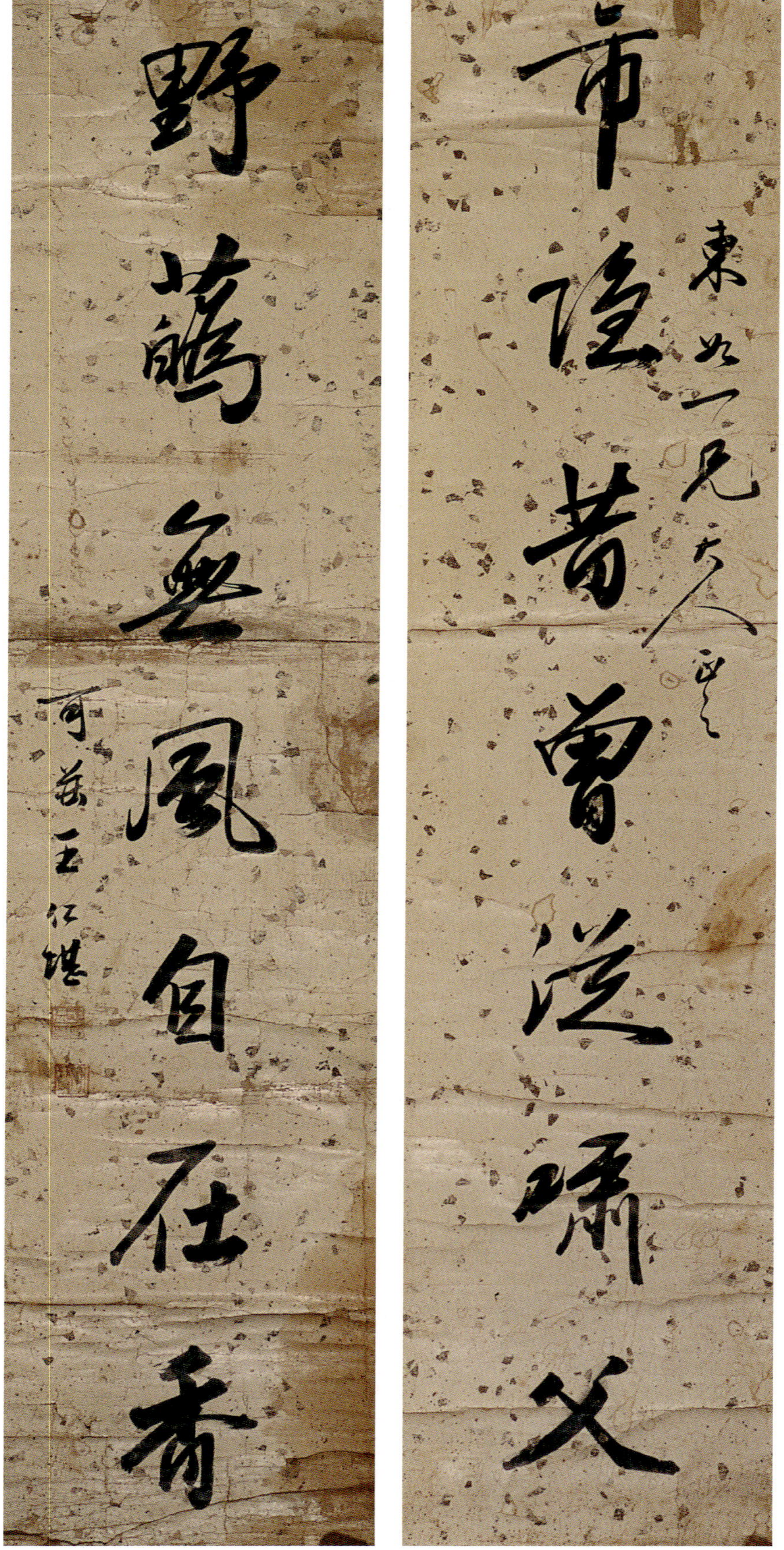

［清］王仁堪

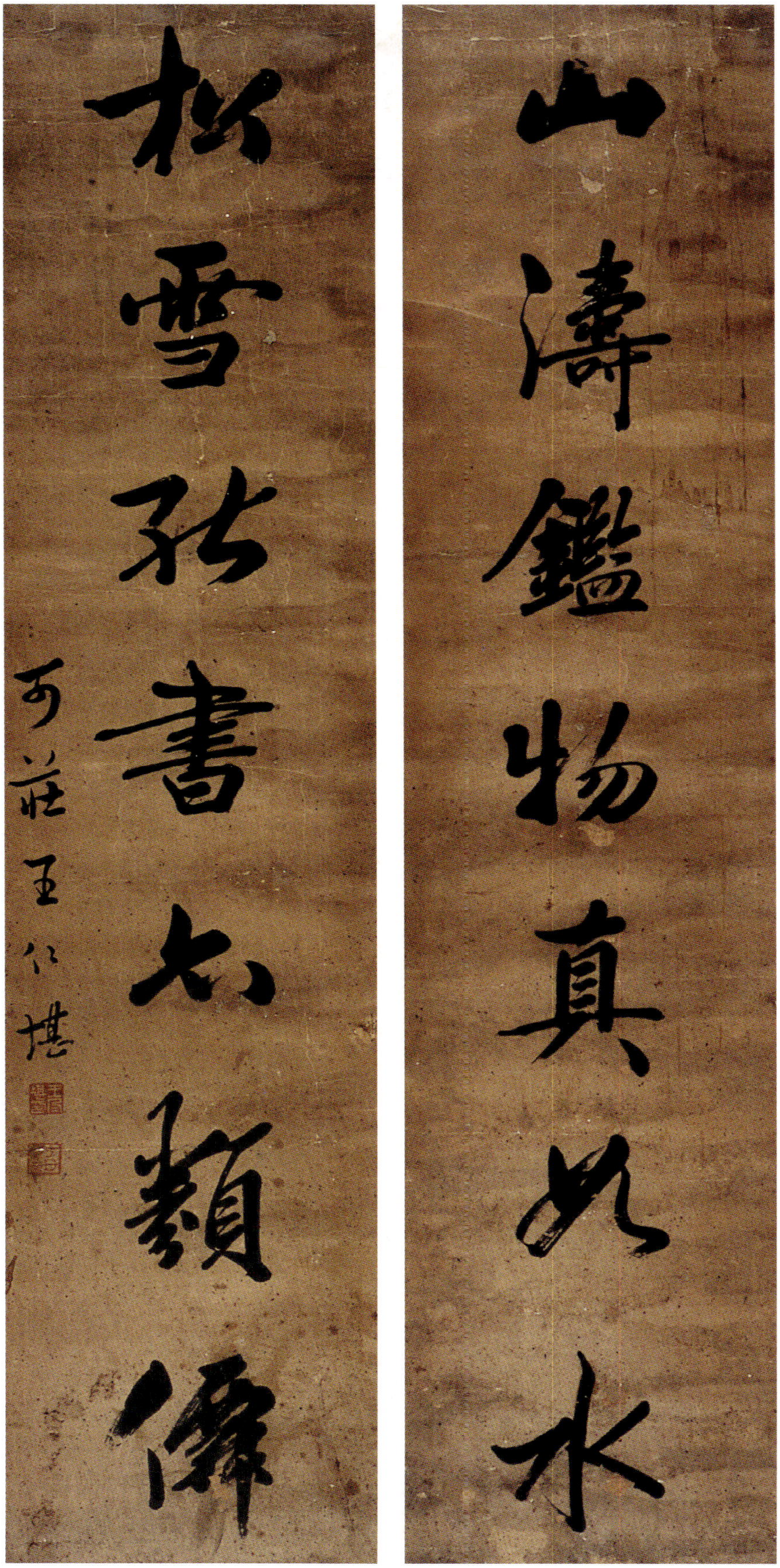

书法对联［130×30cm×2］纸本

［清］王仁堪

山水中堂 ［138×64cm］ 纸本

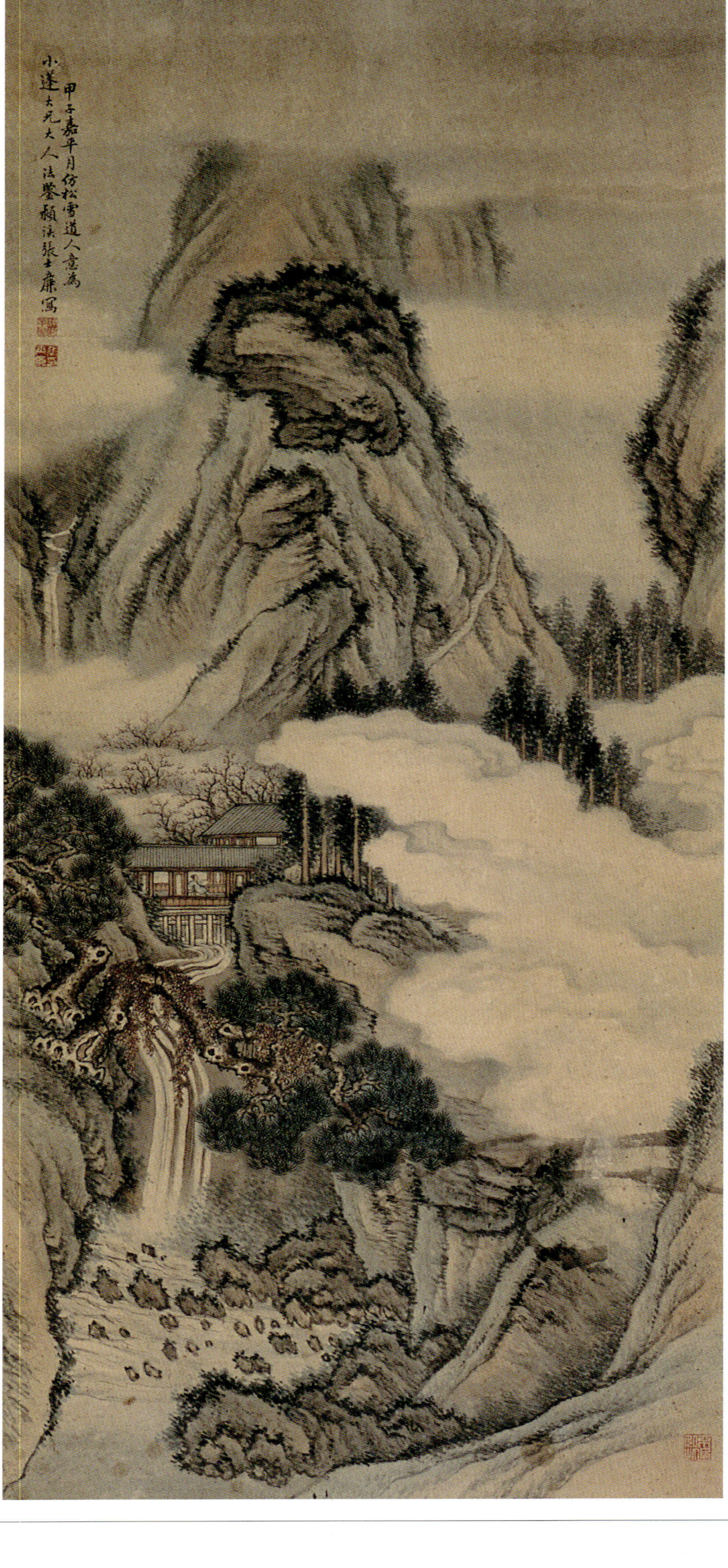
甲子嘉平月仿松雪道人意為
小蓬大兄大人法鑒額法張士廉寫

［清］张士廉

兰花扇面［53×19cm］纸本
［清］果成

山水圆光［直径28cm］绢本
［清］陈豪

鹤筹益算
螺山樵隐杨应選写

高山採芝
滇南杨应選写於诵晚书屋

工笔人物四条屏［90×40cm×4］绢本

［清］杨应选

书法对联 ［128×29cm×2］ 洒金纸本

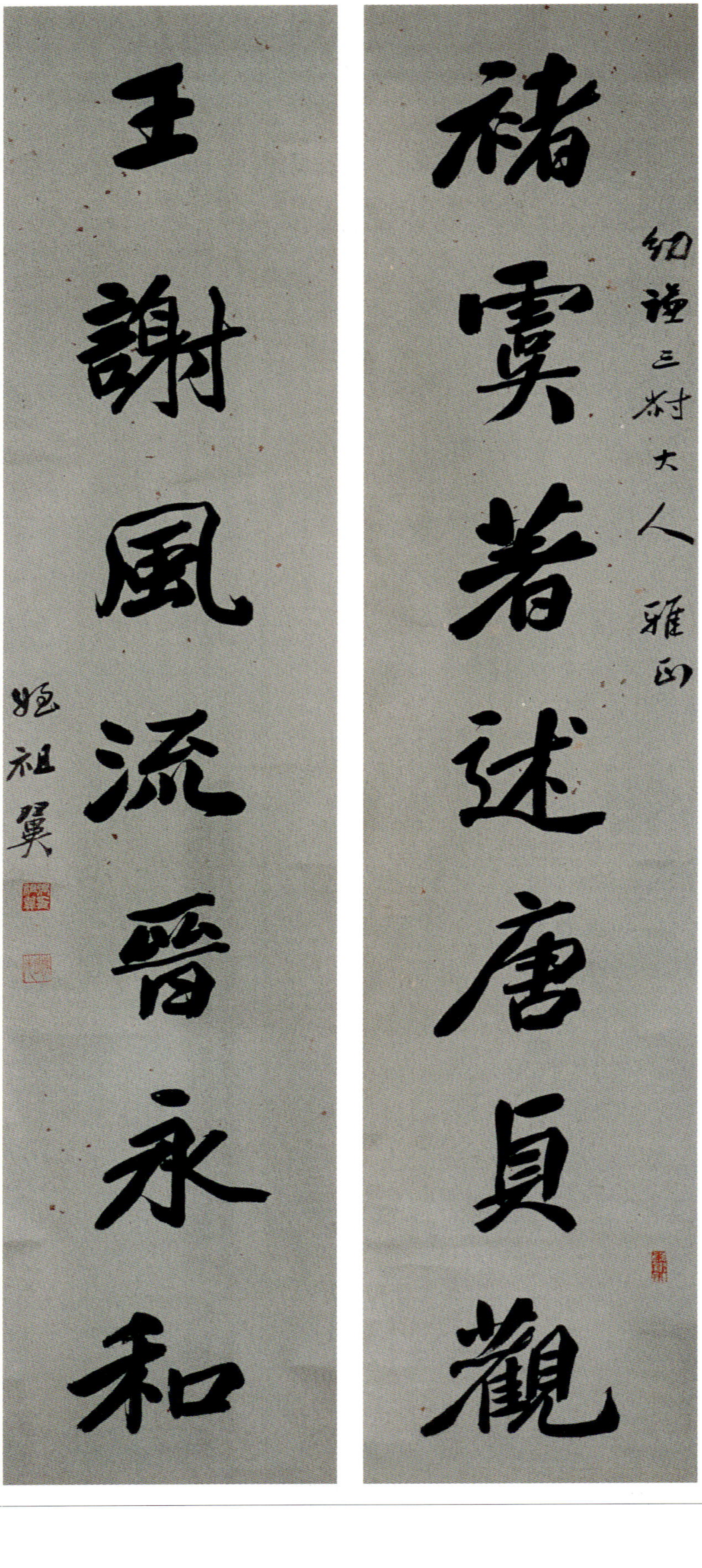

［清］张祖翼

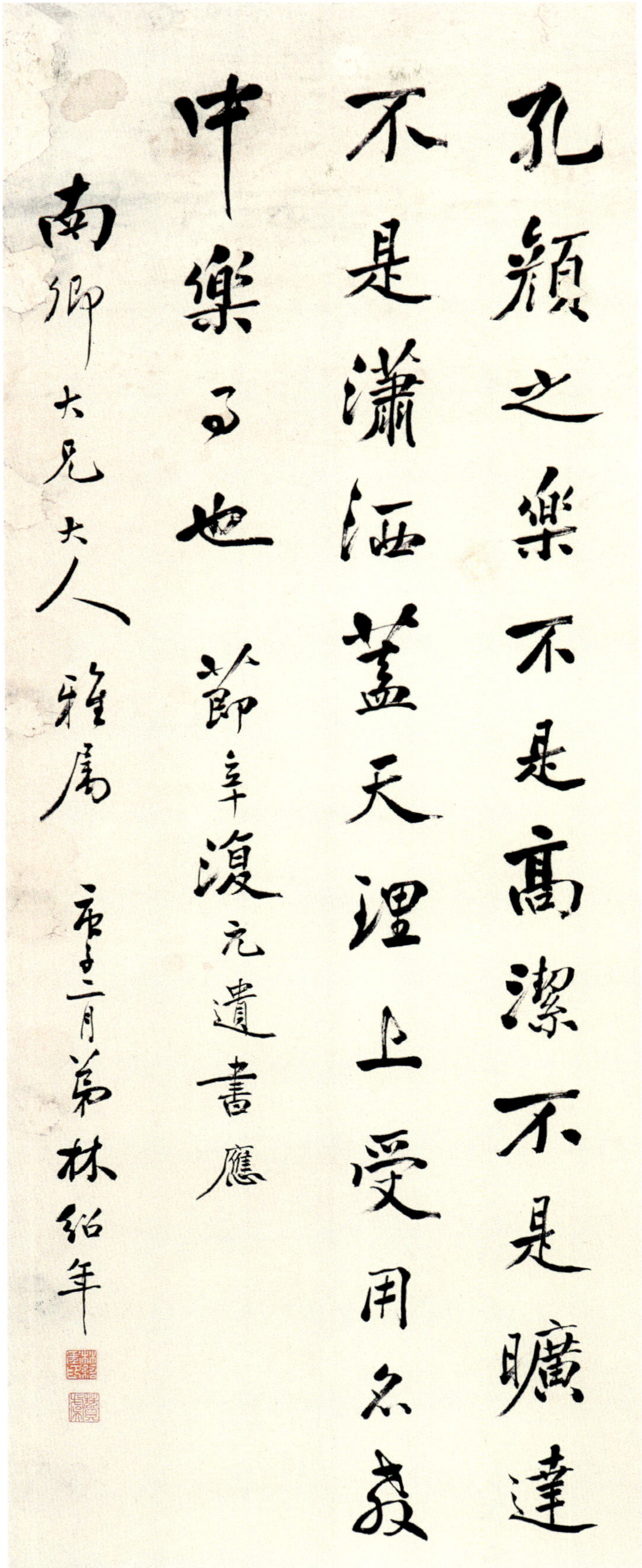
孔顏之樂不是高潔不是曠達不是瀟洒蓋天理上受用名教中樂了也
節辛復元遺書應
南卿大兄大人雅屬
庚子二月弟林紹年

行书中堂 ［133×53cm］ 纸本

［清］林绍年

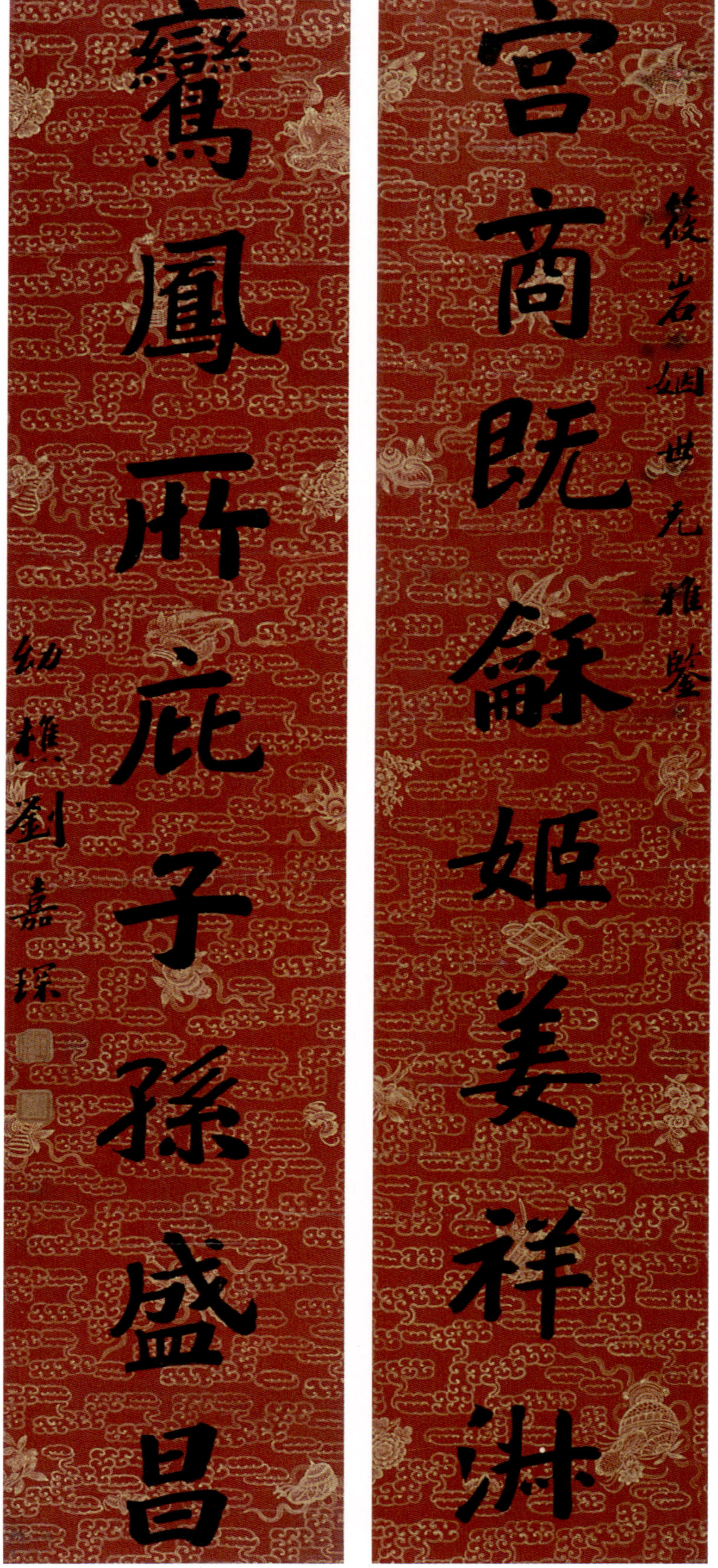

书法对联［128×29cm×2］花笺

〔清〕刘嘉琛

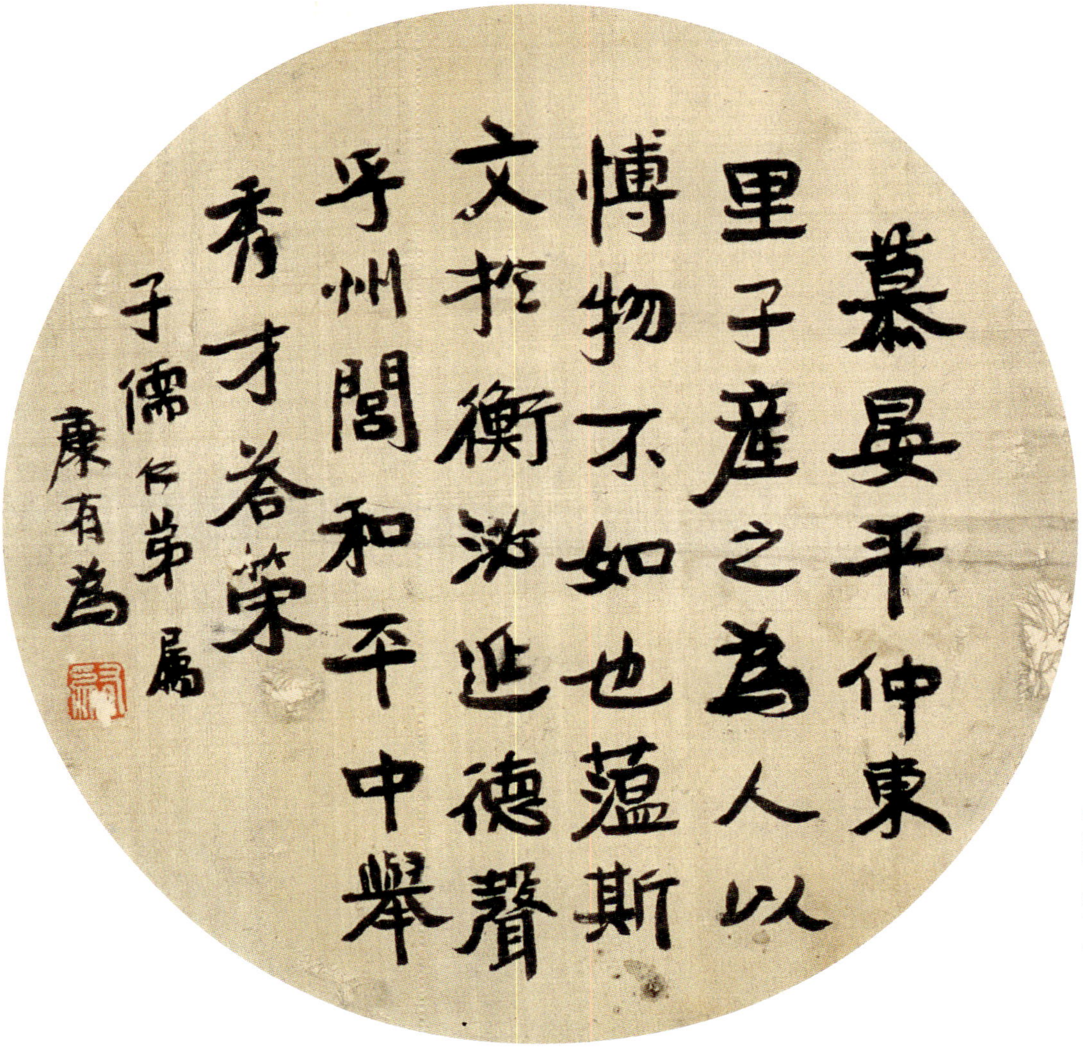
慕晏平仲東
里子產之為人以
博物不如也蘊斯
文於衡泌延德聲
乎州閭和平中舉
秀才蒼榮
子儒仁弟屬
康有為

书法圆光 ［直径24cm］ 绢本
［清］康有为

人物成扇［49×19cm］纸本
［清］陈鹊

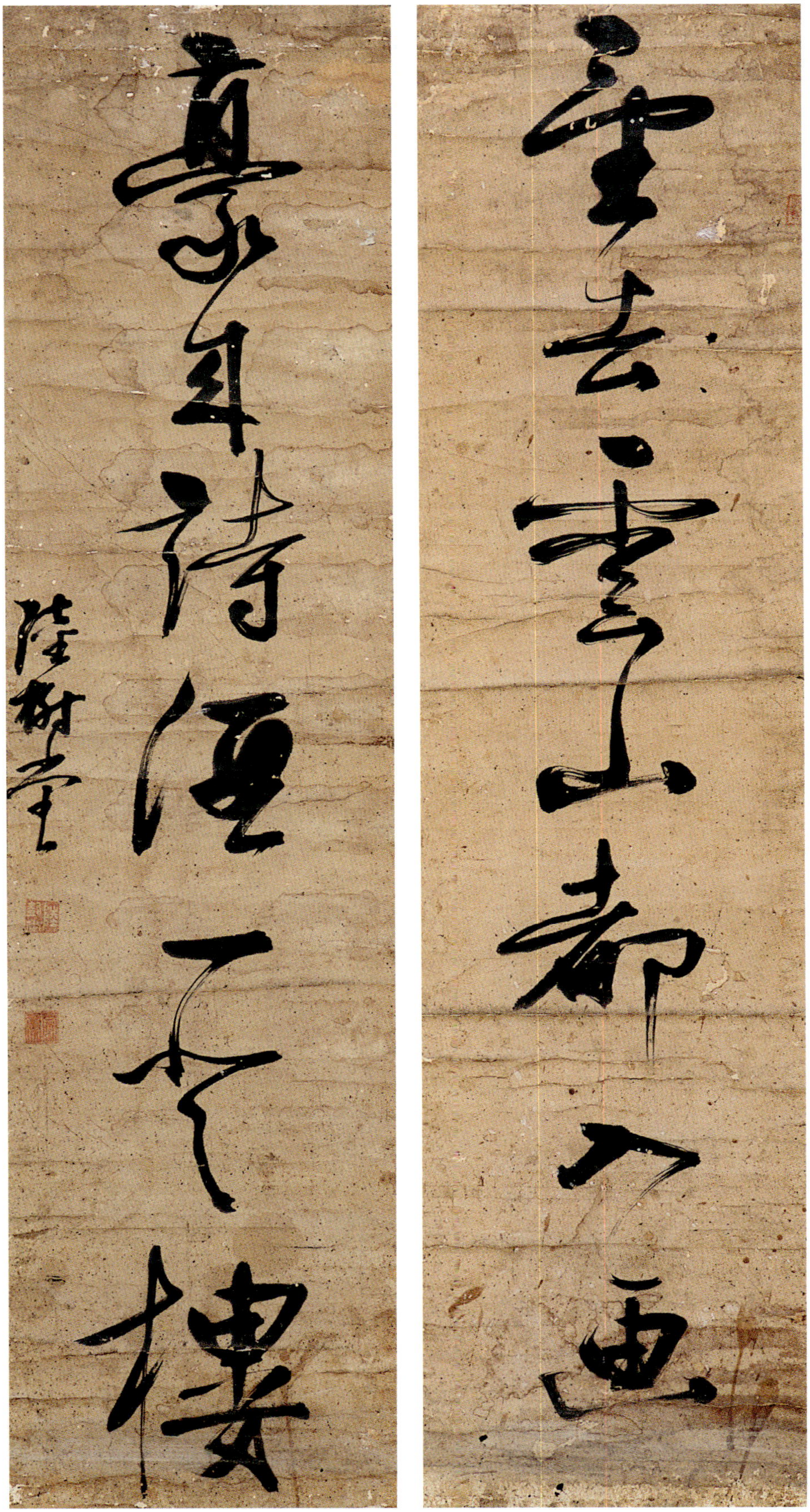

行草对联［110×27.5cm×2］纸本

［清］陆树堂

行书对联［102×21cm×2］花笺

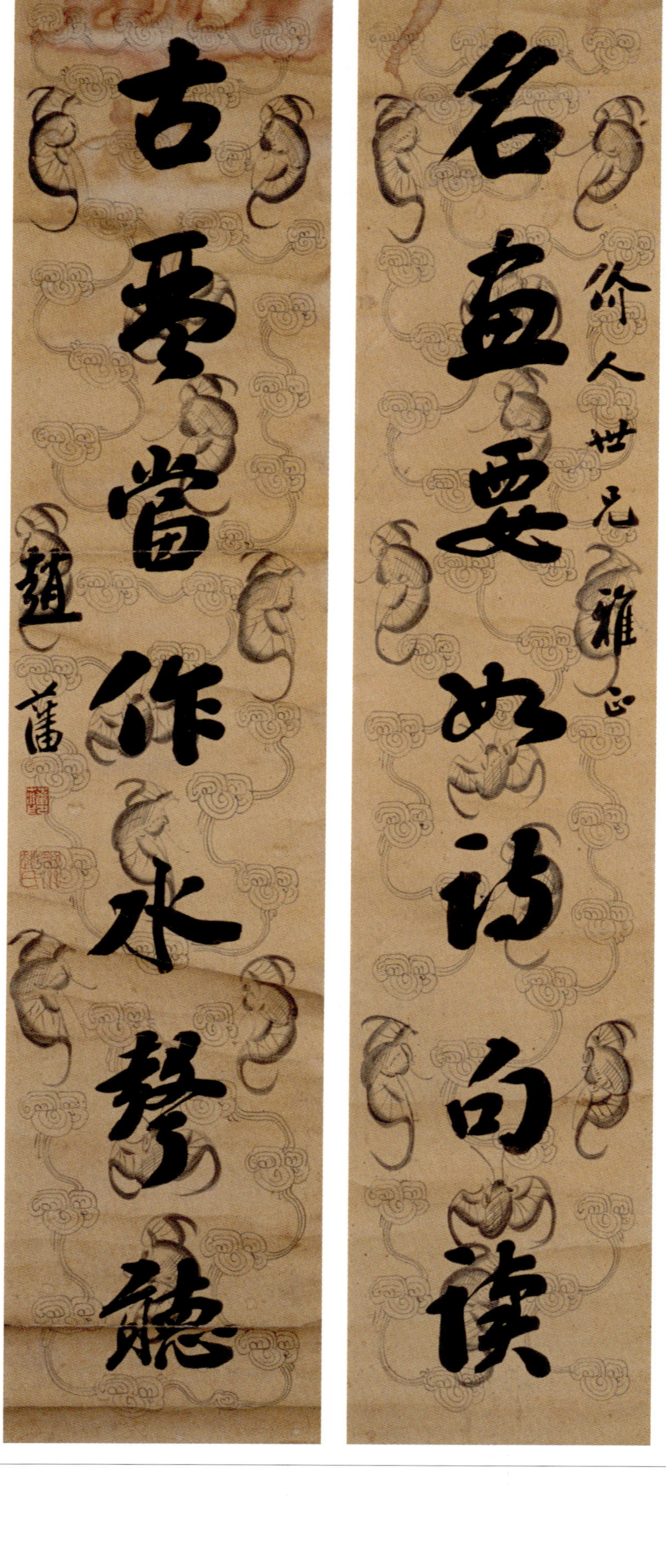

［清］赵藩

當作水

趙 蕃

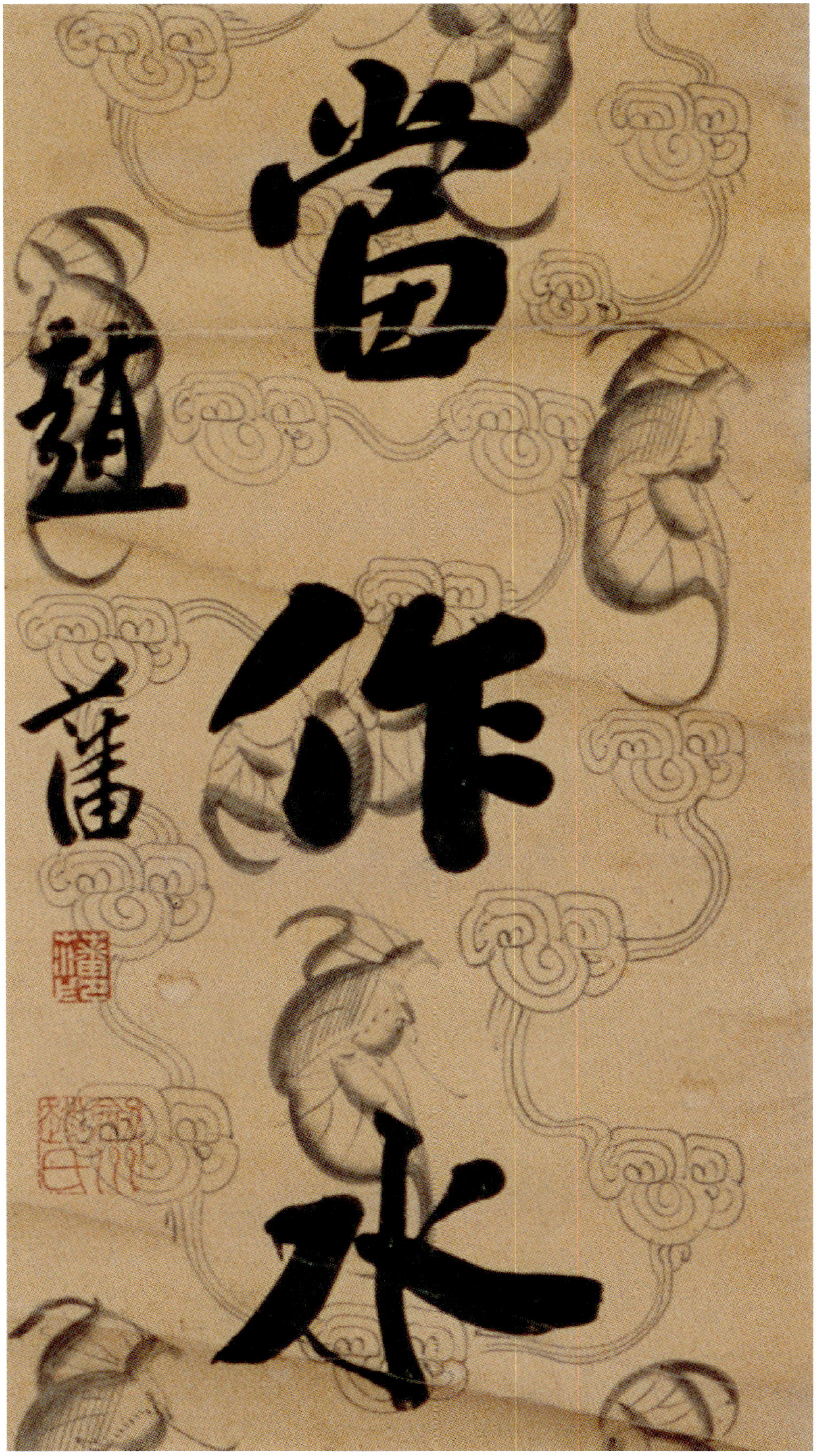

书法对联 ［148×38 cm×2］ 纸本

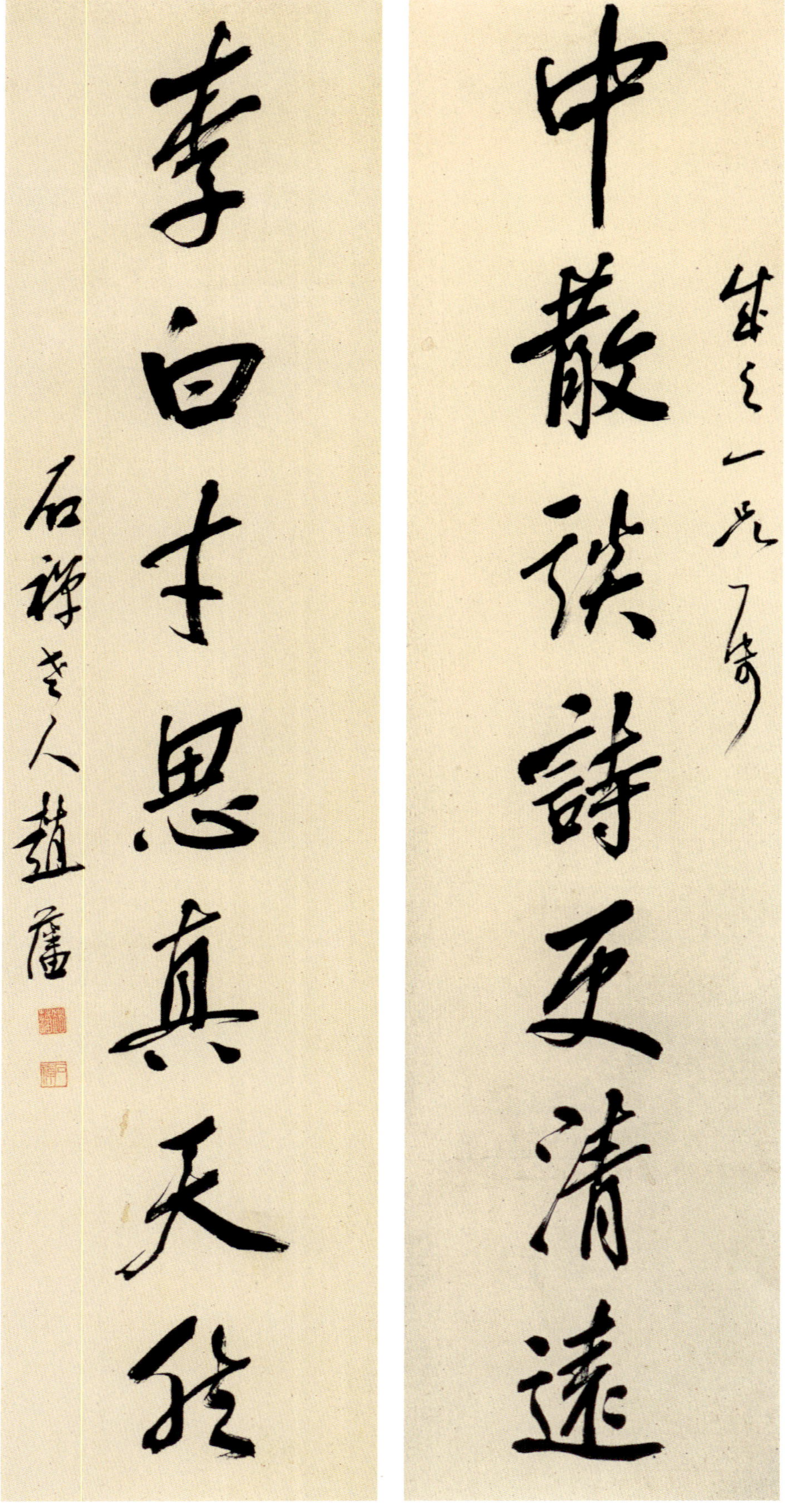

［清］赵藩

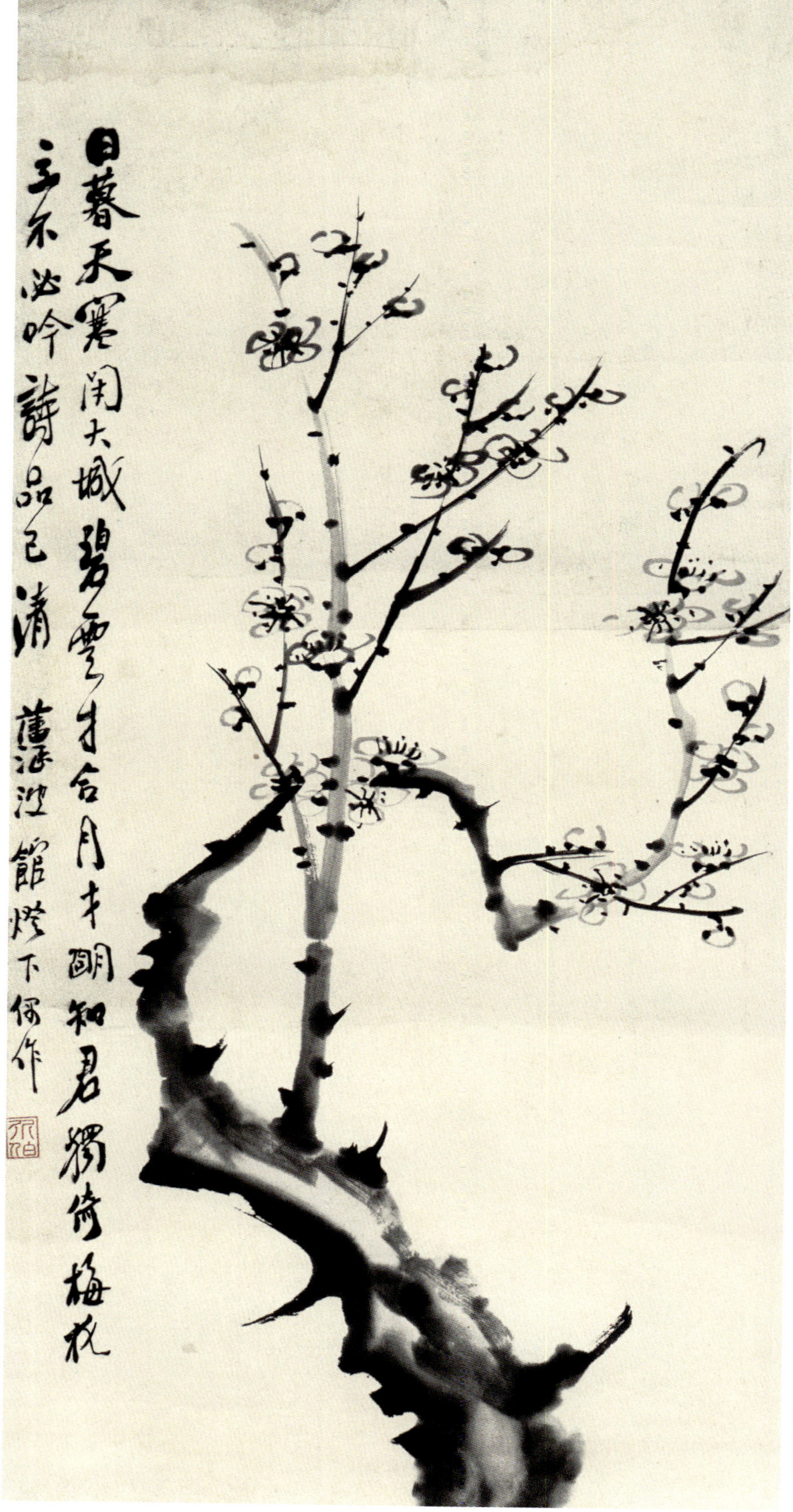

墨梅图 ［48×38cm］ 纸本

［清］赵藩

行书对联［162×39cm×2］印金红笺

［清］戴鸿慈

行书对联［169×34cm×2］洒金纸本
［清］白镕

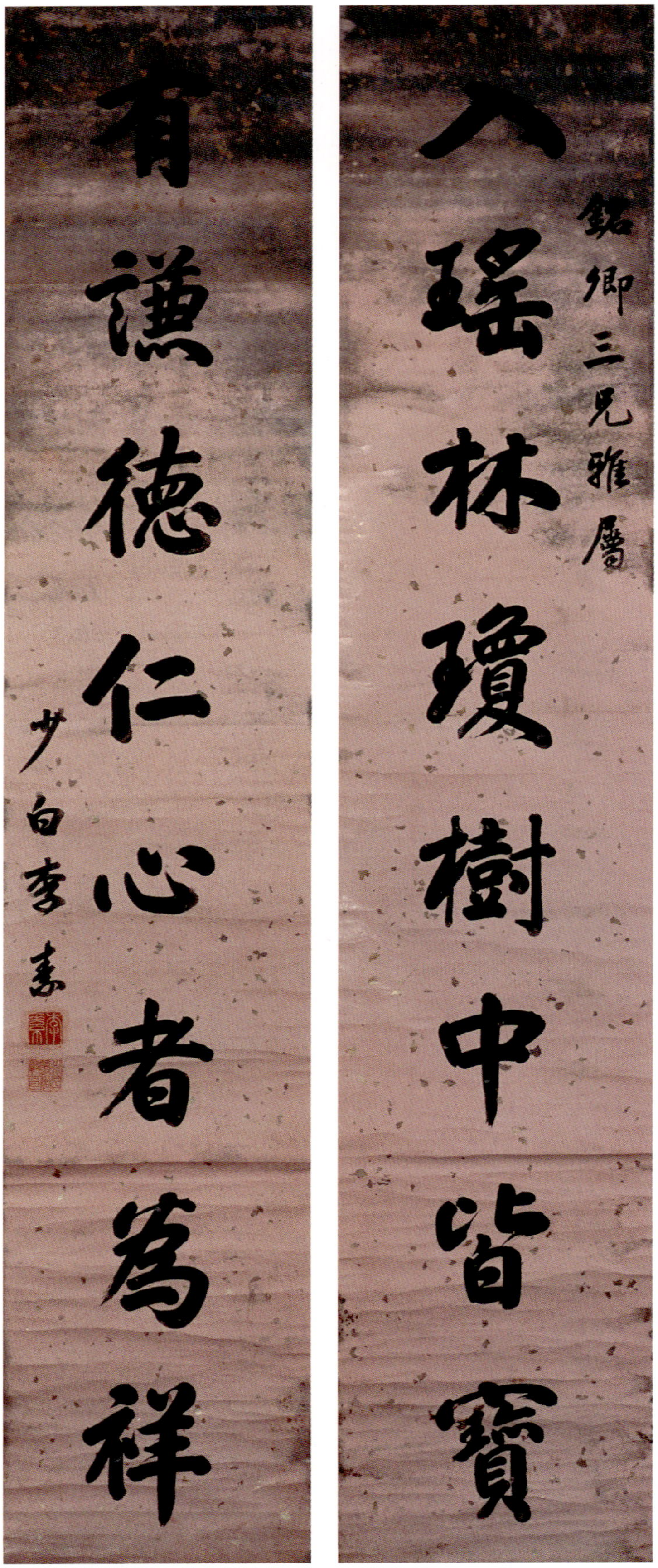

书法对联 [179×35cm×2] 洒金纸本

[清] 李素

书法对联［172×40cm×2］红蜡花笺

［清］赵以炯

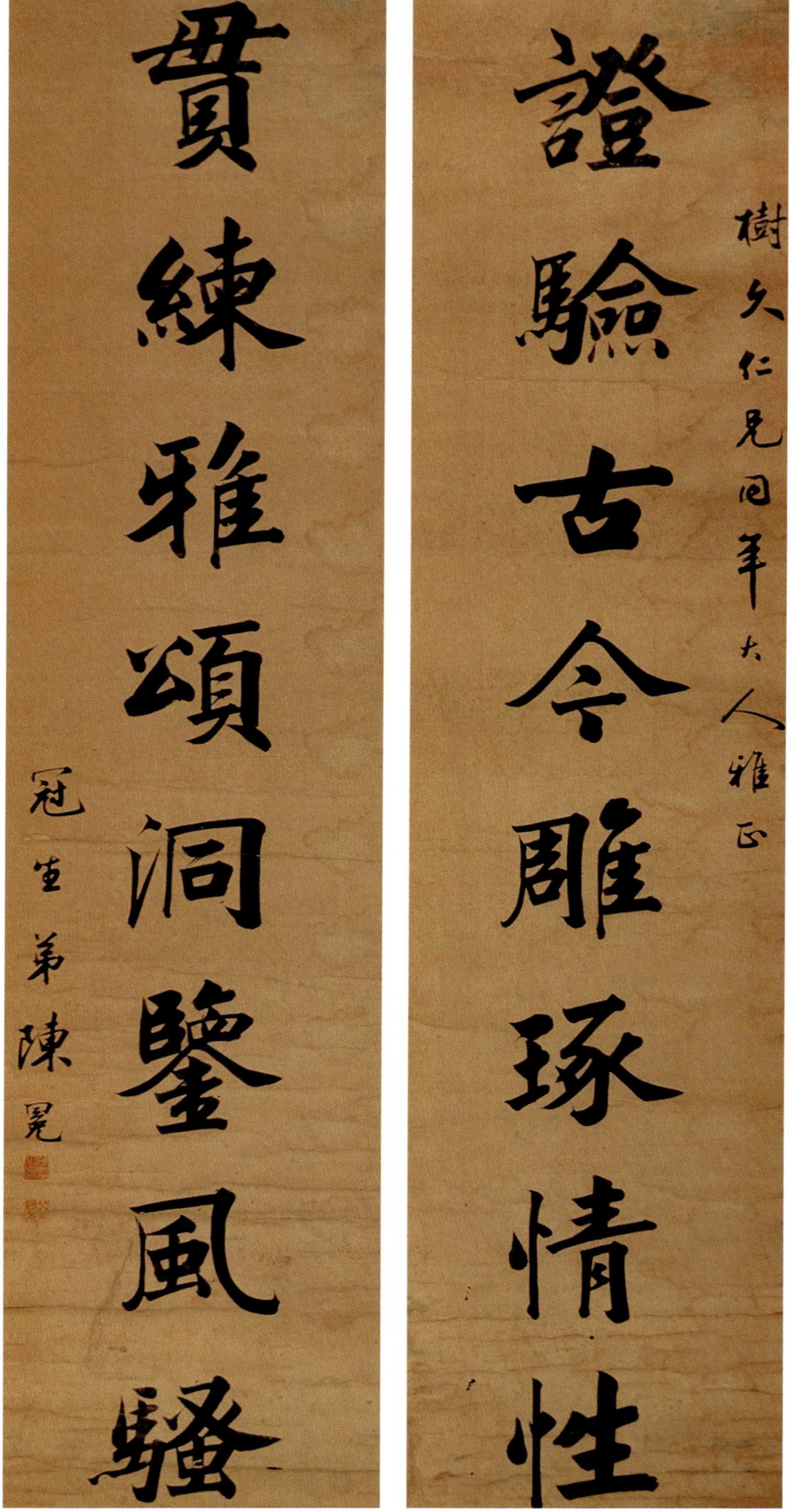
證驗古今雕琢情性
貫練雅頌洞鑒風騷
樹久仁兄同年大人雅正
冠生弟陳冕

楷书联［156×38cm×2］纸本

［清］陈冕

行书对联［133×33cm×2］纸本

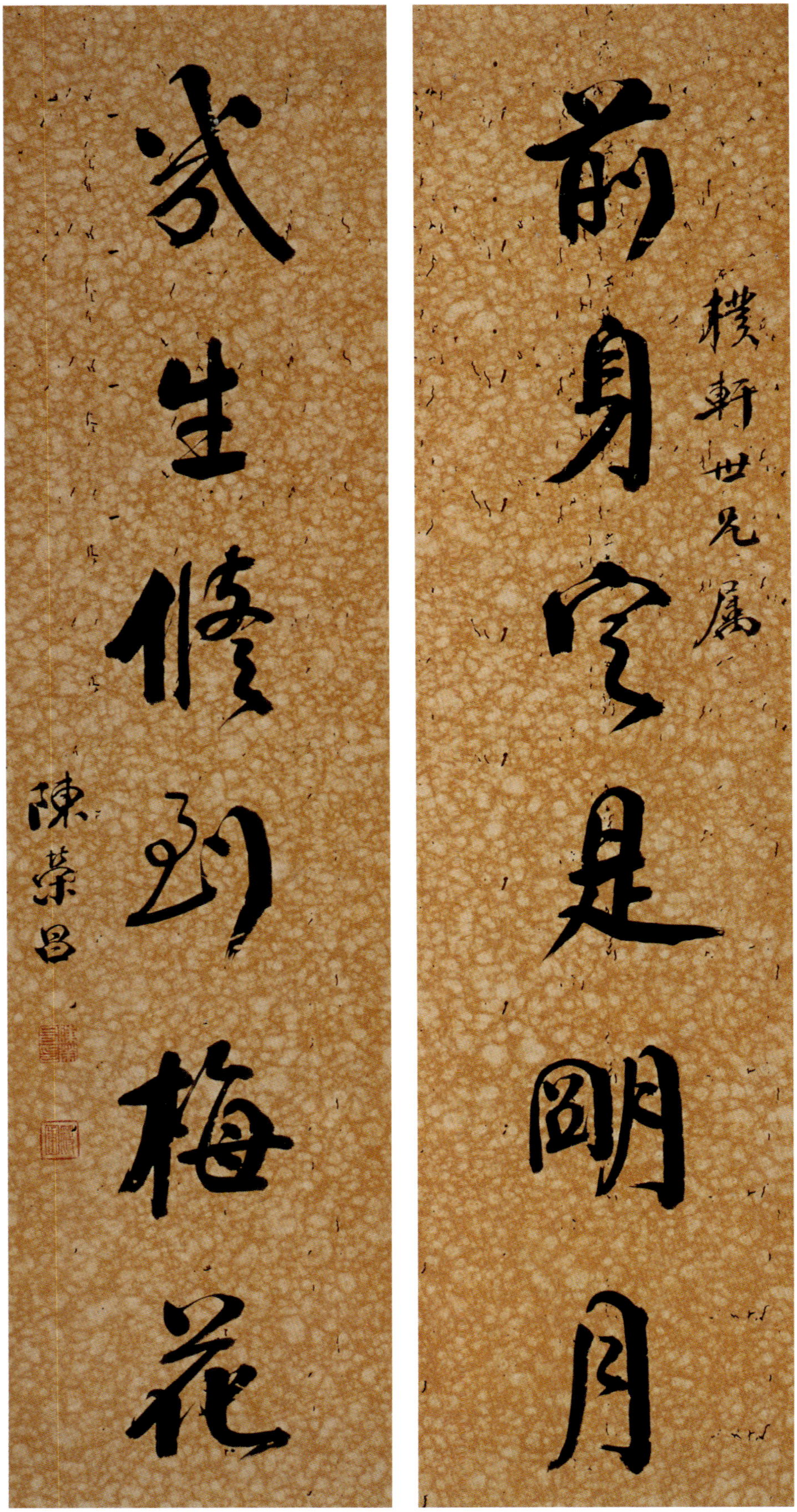

［清］陈荣昌

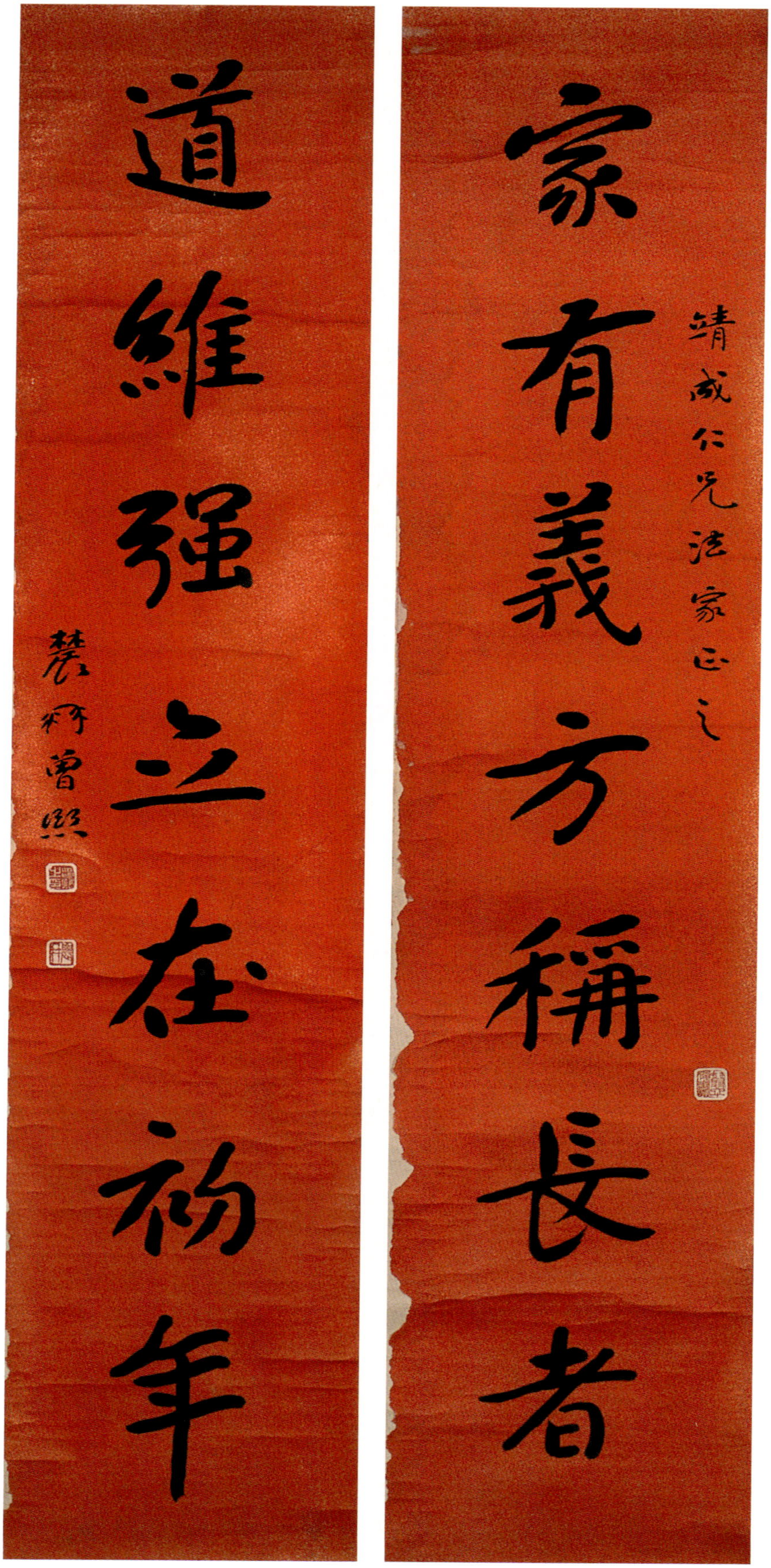

书法对联［167×36.5cm×2］红洒金笺

［清］曾熙

魏碑对联 ［206×44.2cm×2］ 红洒金笺

［清］李瑞清

行书对联 ［174.5×36cm×2］ 纸本

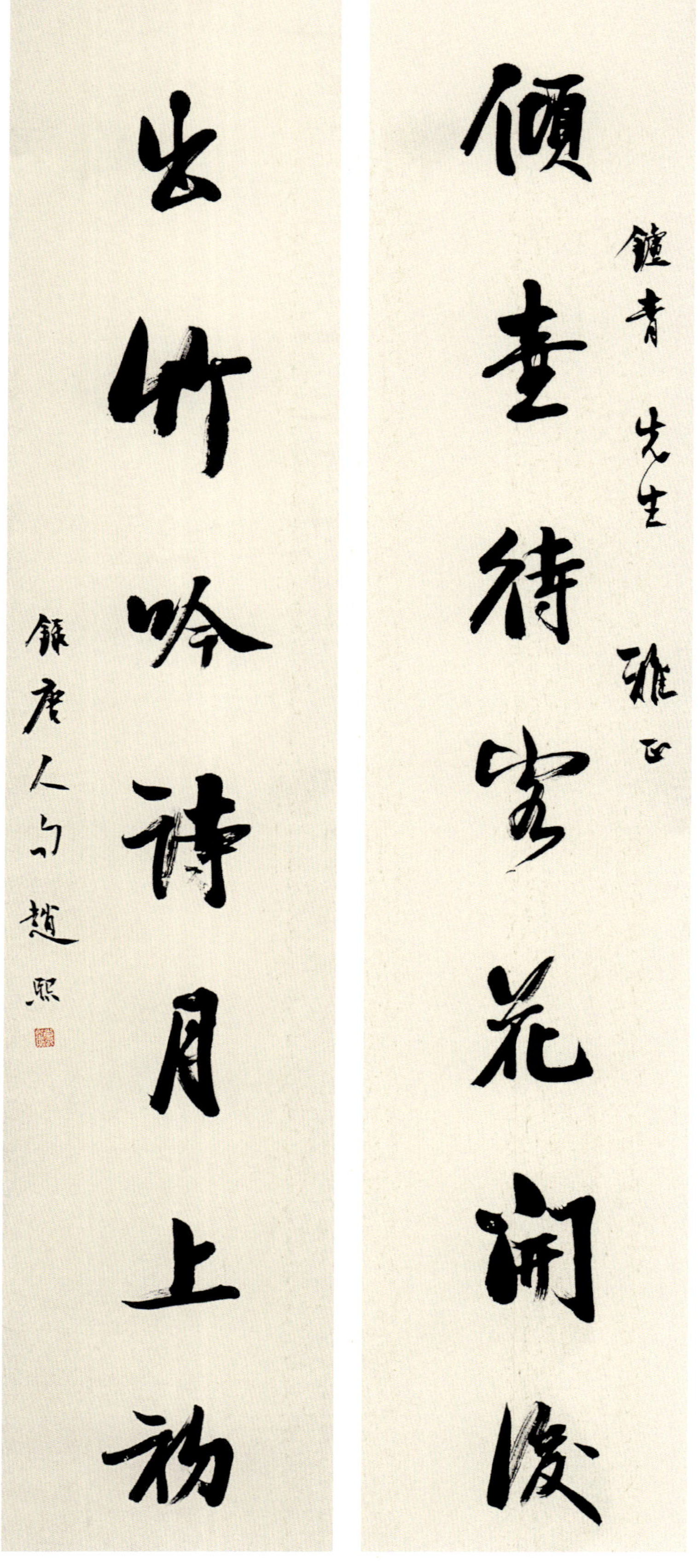

［清］赵熙

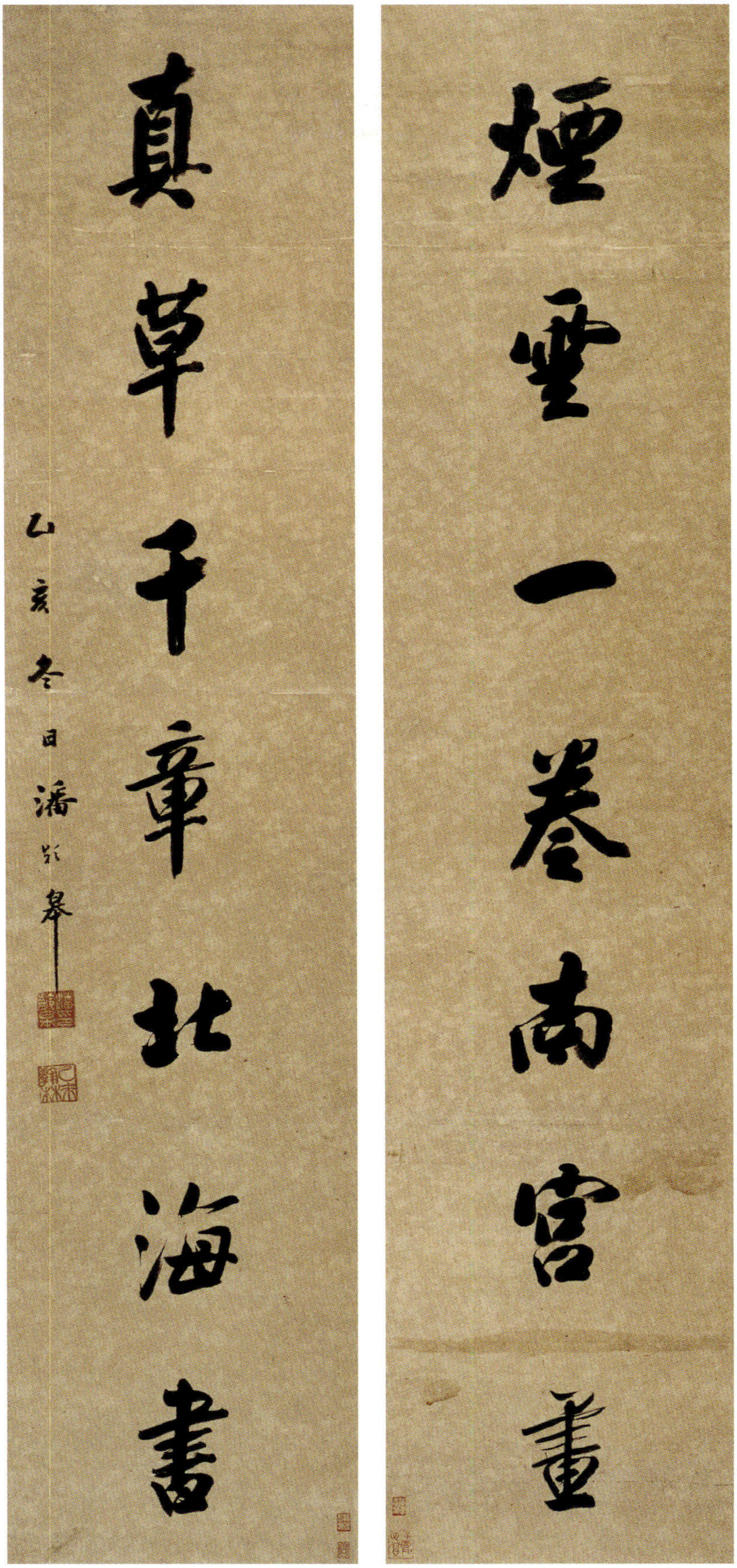

书法对联［174.5×36cm×2］纸本

［清］潘龄皋

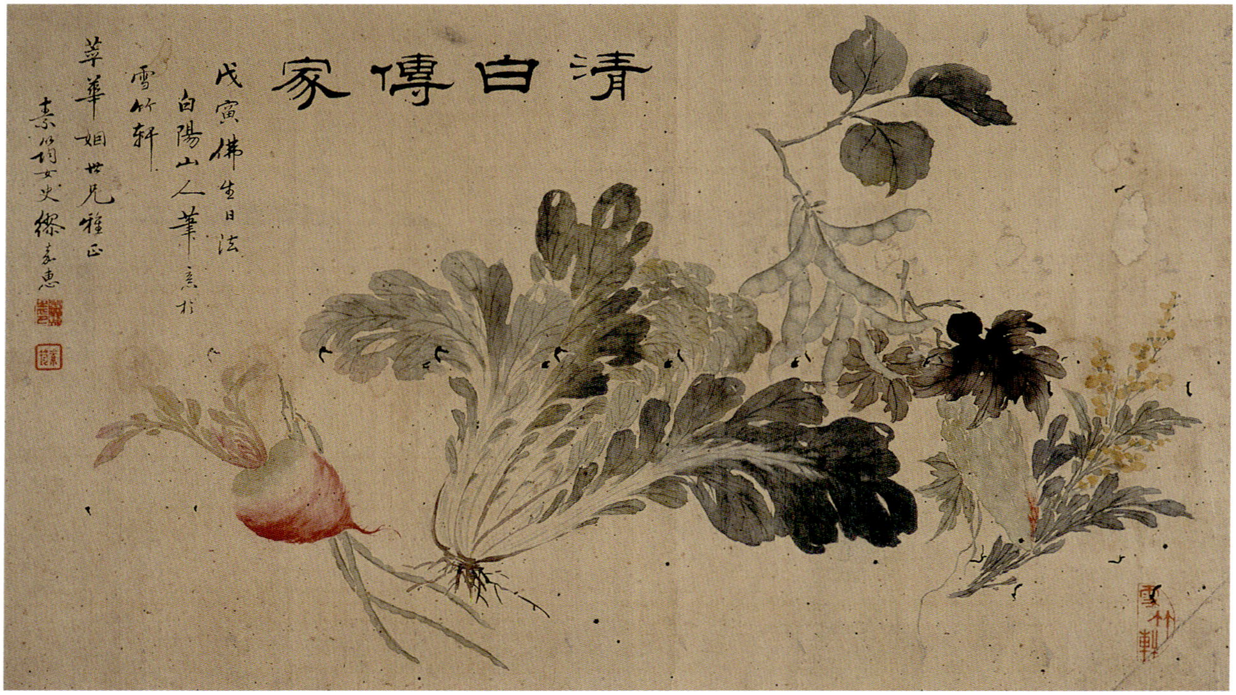
清白傳家
戊寅佛生日法白陽山人筆意於雪竹軒
莘華姻世兄雅正
素筠女史繆嘉惠
雪竹軒

蔬果横幅［68×39cm］绢本［清］缪嘉惠［女］

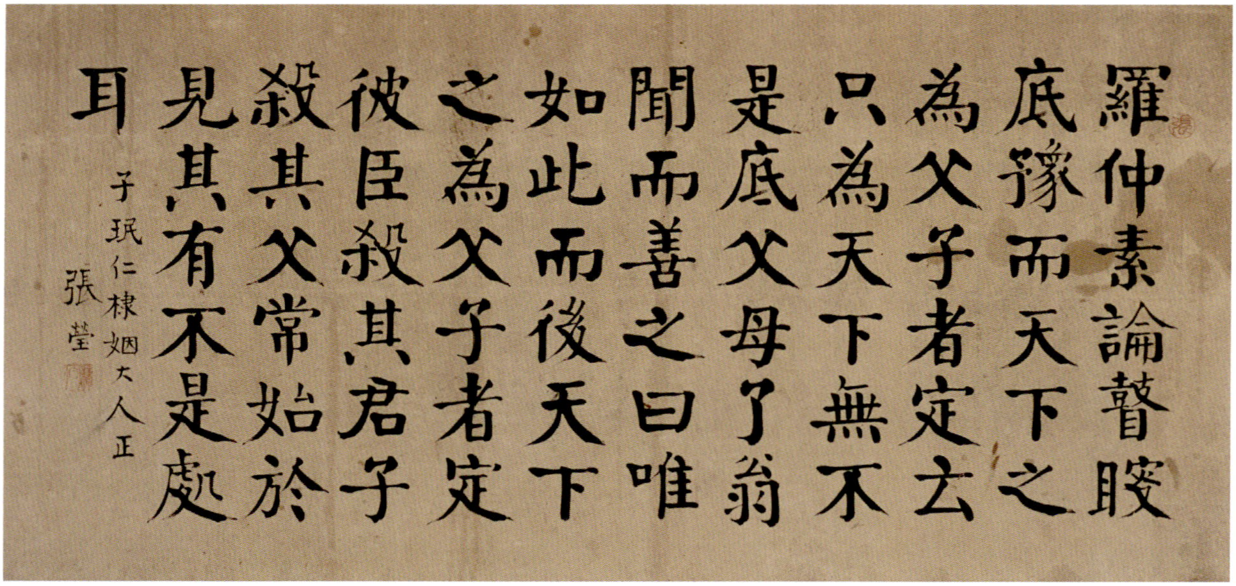
羅仲素論瞽瞍
底豫而天下之
為父子者定去
只為天下無不
是底父母了翁
聞而善之曰唯
如此而後天下
之為父子者定
彼臣殺其君子
殺其父常始於
見其有不是處
耳
子珉仁棣姻大人正
張瑩

书法横幅［137×67.5cm］纸本［清］张莹

山水扇面［54cm×18cm］纸本

［清］吴伯滔

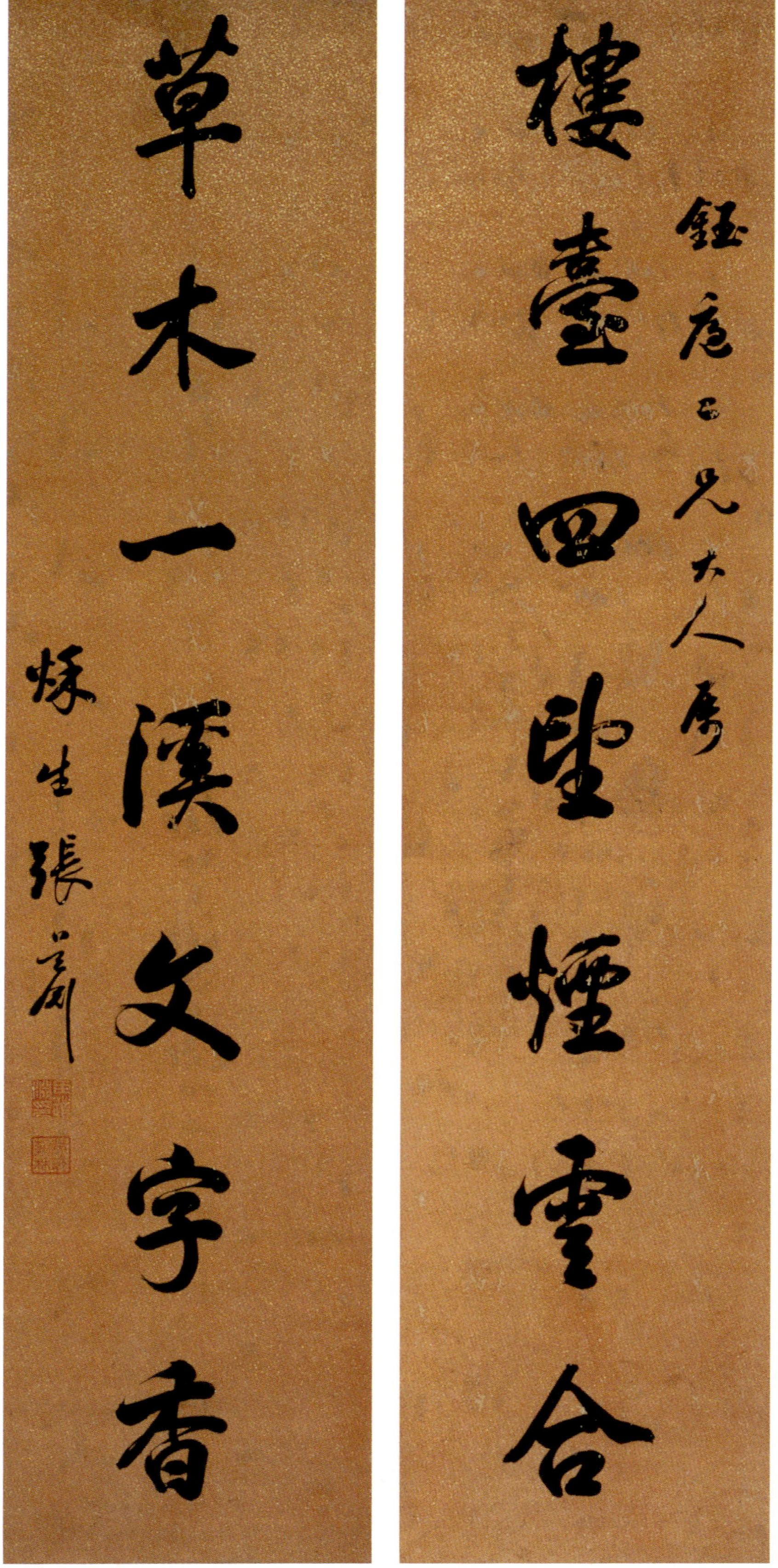

书法对联［132×30cm×2］洒金纸本

［清］张道渊

书法对联［131×30cm×2］纸本

［清］宝熙

桃花邬舍煙雨中綠蓑青笠而逐未

營何言筆也盖江南人畫中得名必

斜陽芳草村落兰言無自名家

苑茶漏畫凍鴉先睡黃花好屋南

龍煨殘火正倚林童枚寄致廣風辩貯

梅岑一枝室孔極天下苦硬之人悅後孫兆極賈六厚傑之

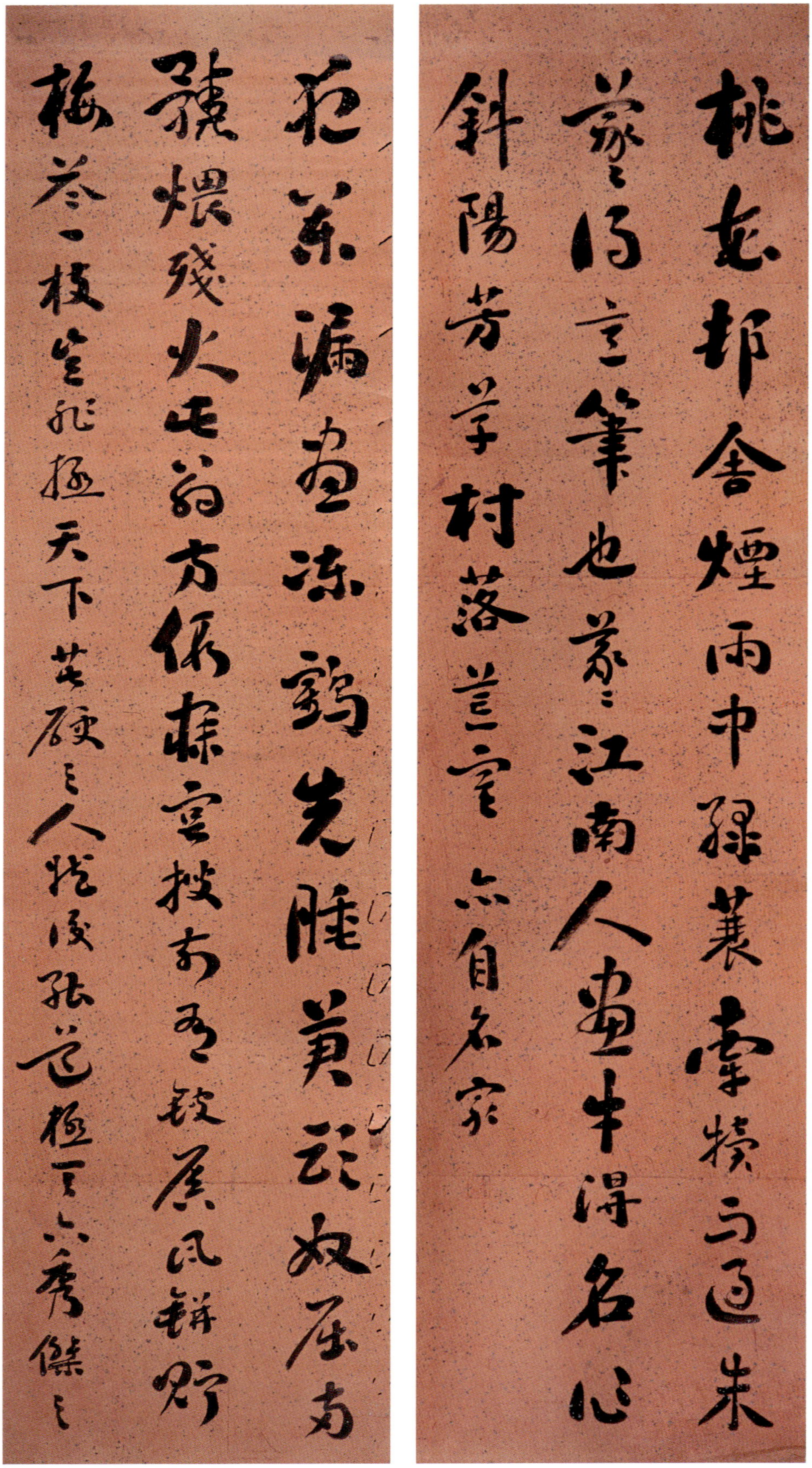

行书四条屏［53×19cm×4］红笺

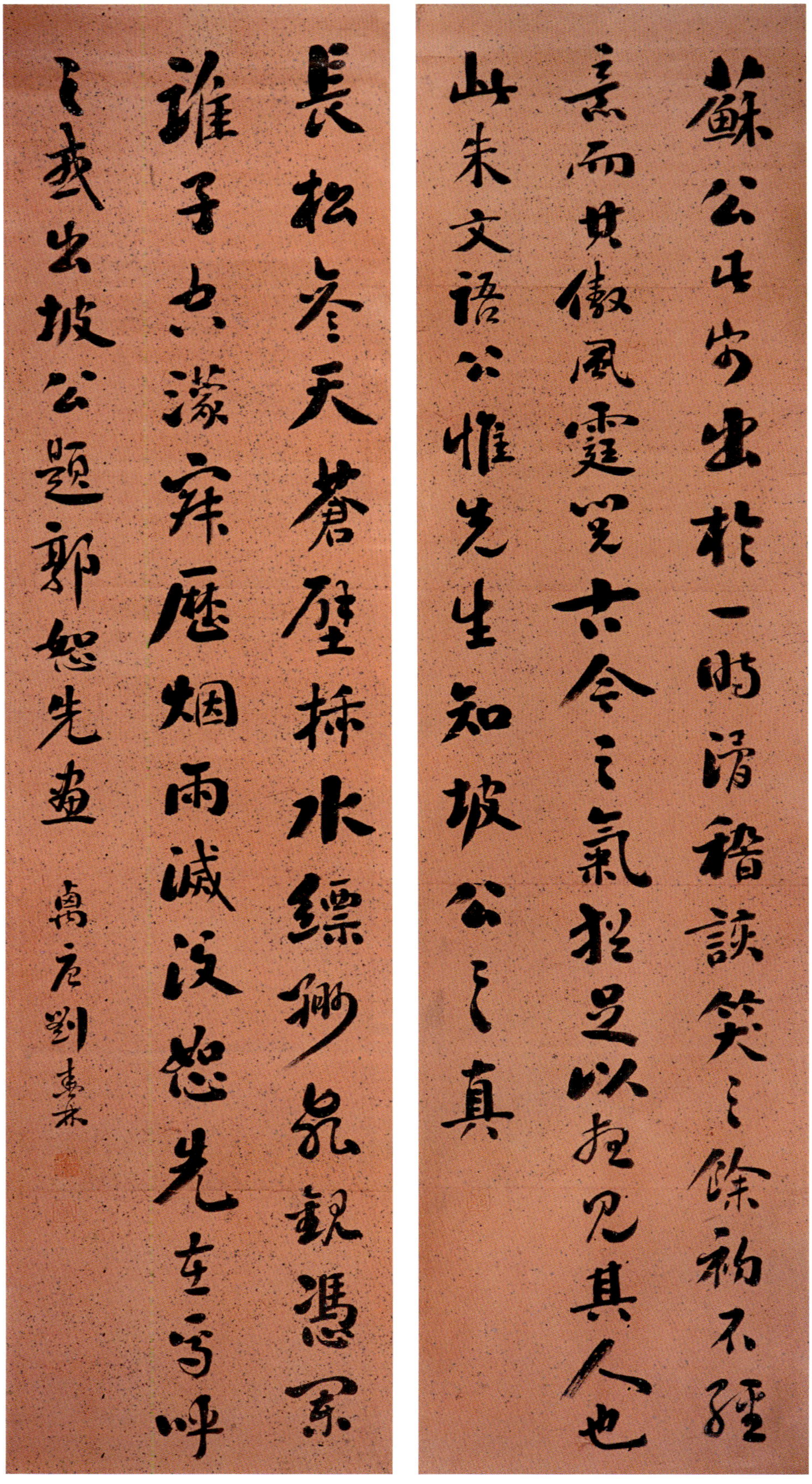

［清］刘春霖

兰菊扇面［45cm×16cm］纸本
［民国］陈半丁

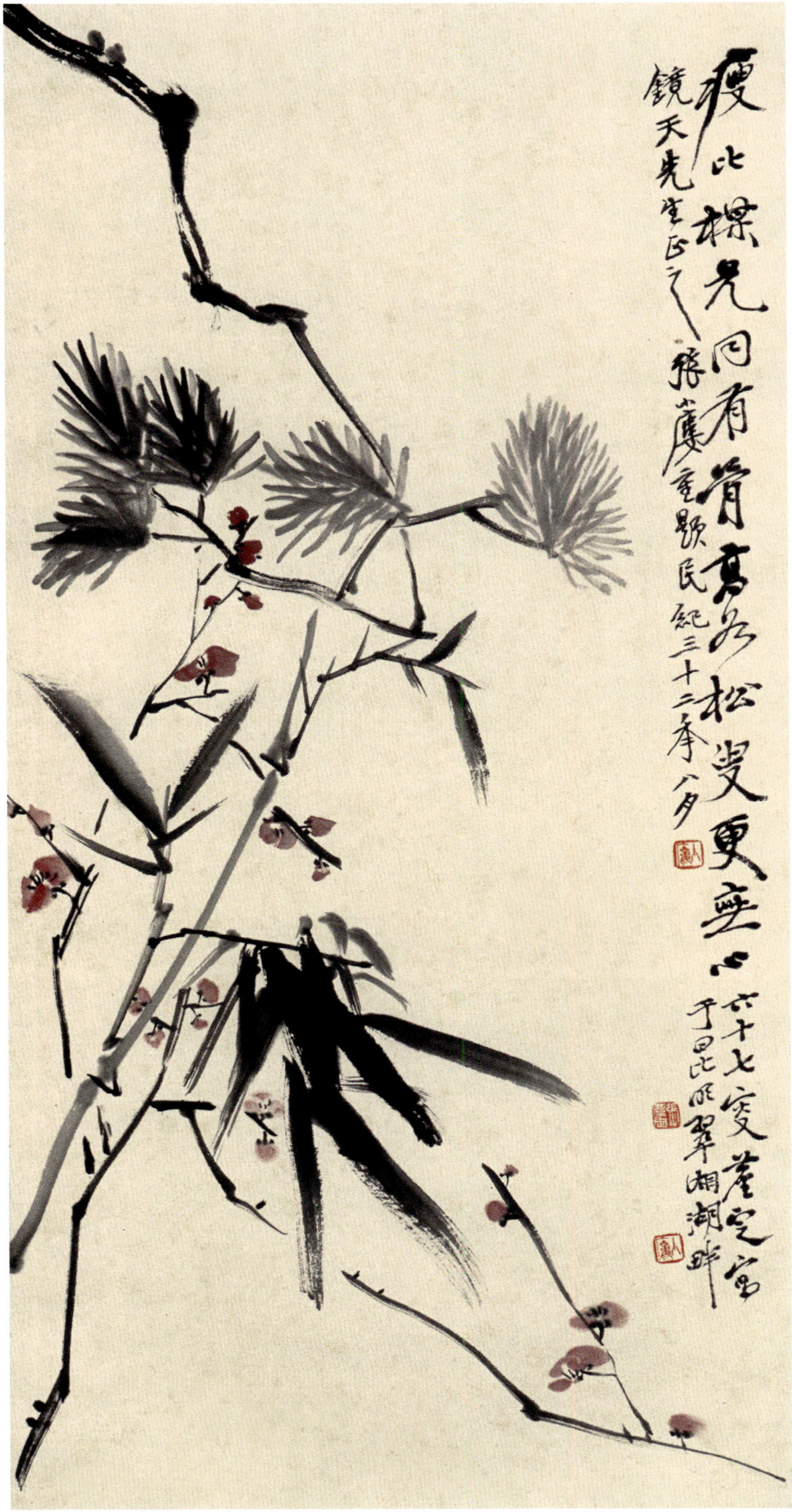

三友图［68×35cm］纸本

［民国］张枏

歲在戊辰夏五月
摹黄要叔畫法 雲龕寫

仿白陽山人筆法 雲龕仿

花鸟四条屏 ［149×40cm×4］ 纸本

［民国］胡应祥

人物中堂［148×74cm］纸本

［民国］胡应祥

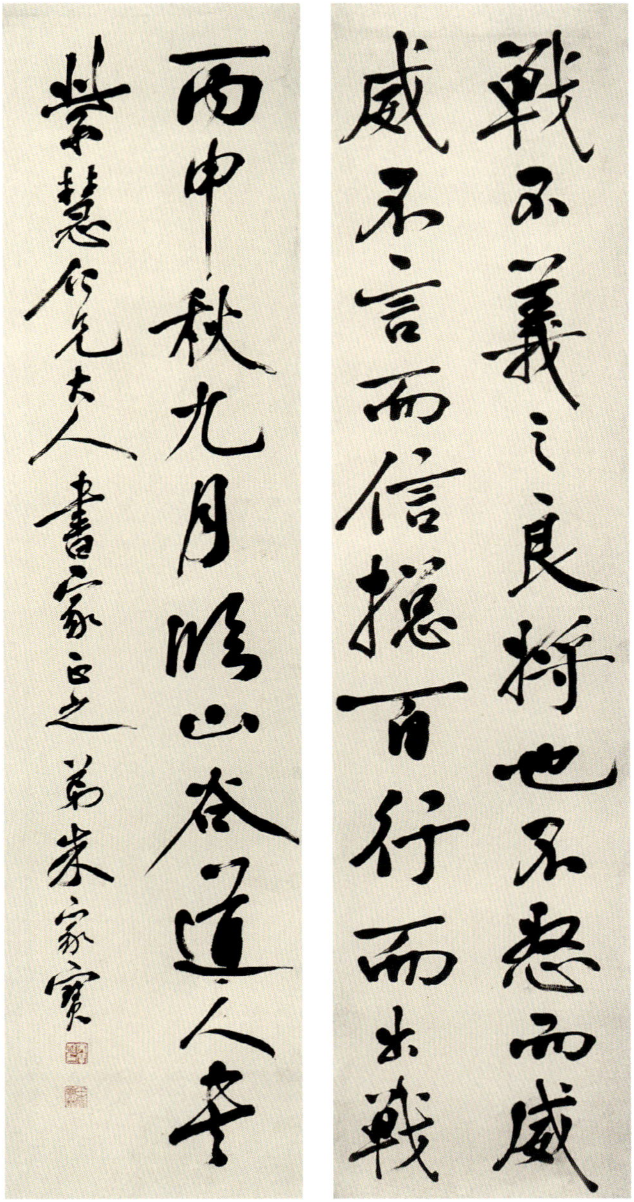

书法六条屏 ［132×34cm×6］ 纸本 ［民国］朱家宝

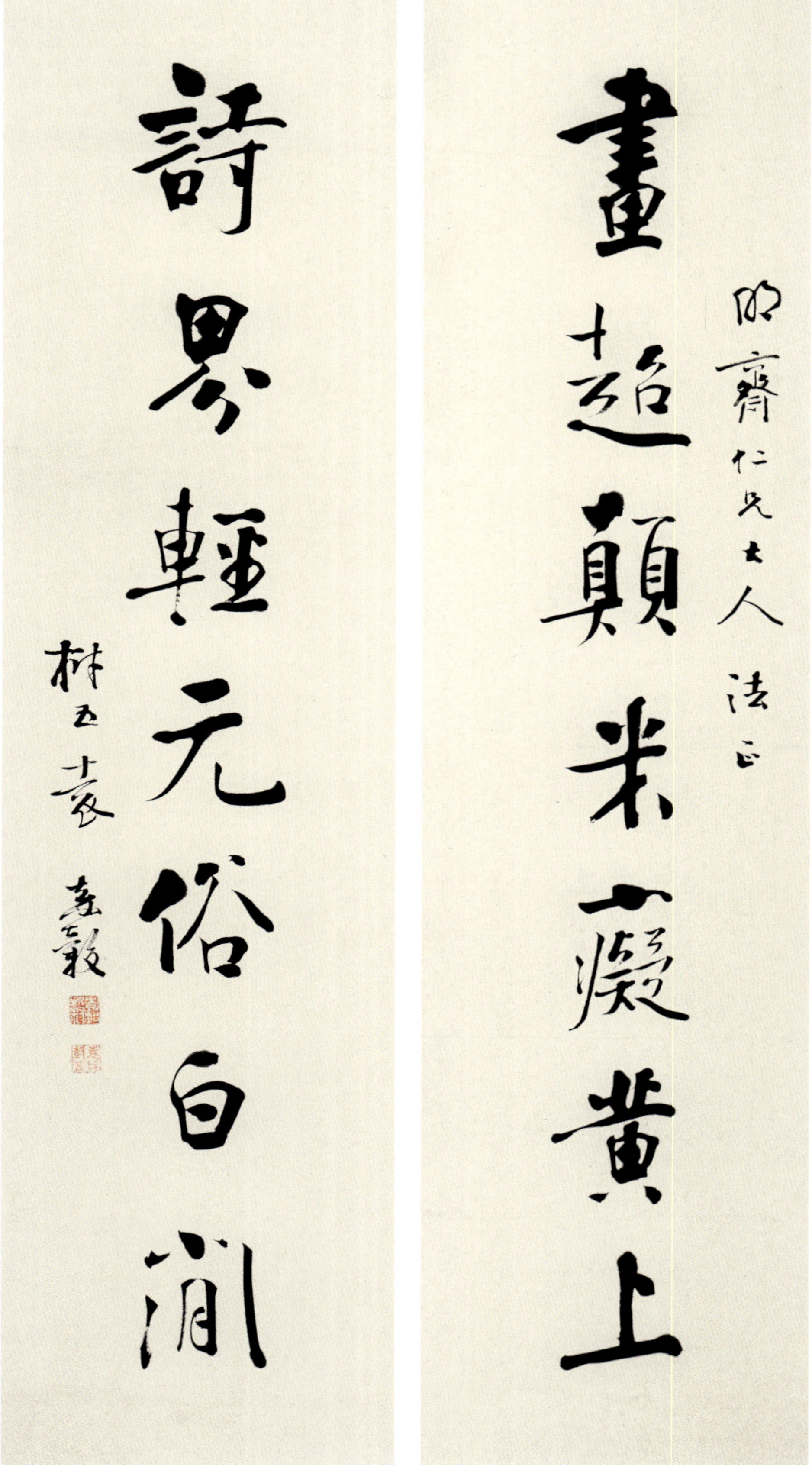
畫超顛米癡黃上
明齋仁兄大人法正
詩界輕元俗白間
袁嘉穀

行书对联 ［133×34cm×2］ 纸本

［民国］袁嘉谷

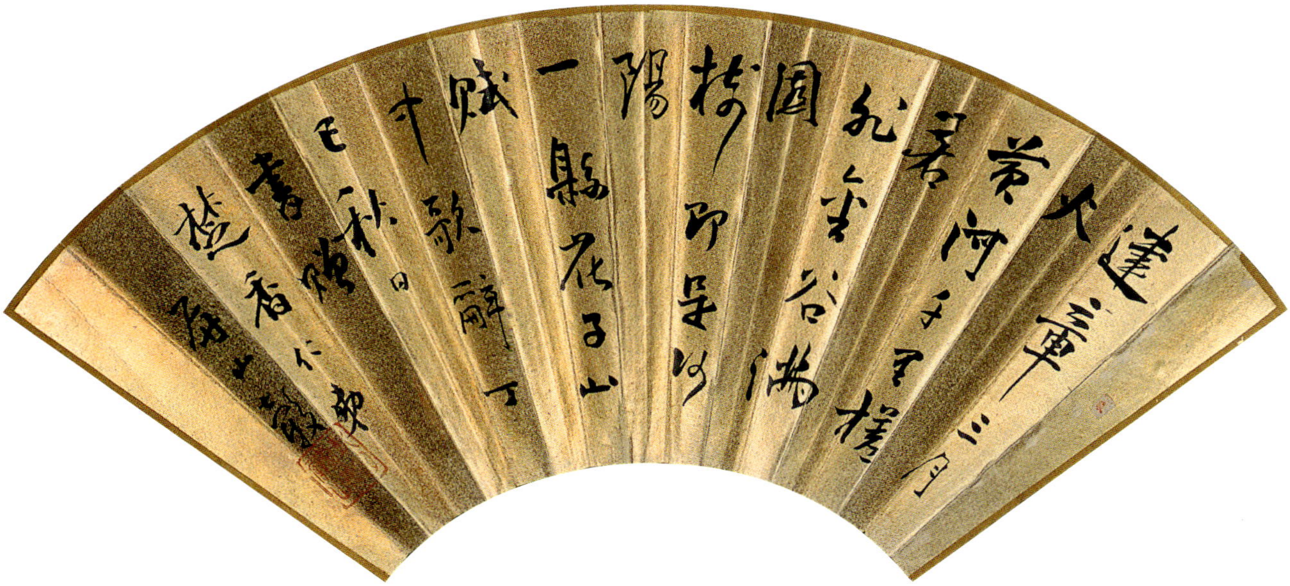

书法扇面 ［19×53cm］ 洒金纸本

［民国］袁嘉谷

书法对联［131×32cm×2］虎皮宣

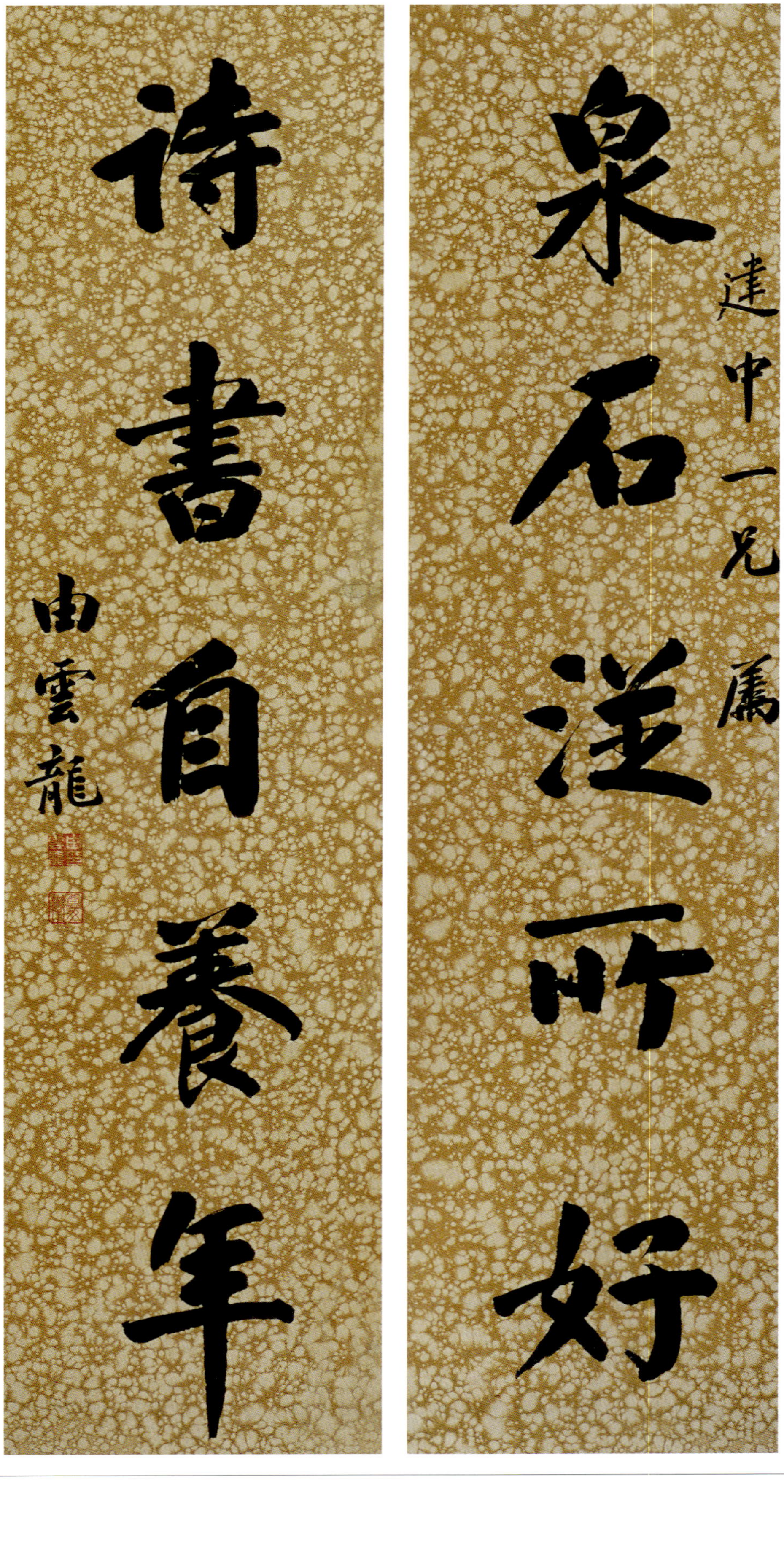

［民国］由云龙

篆书对联［135×23cm×2］纸本

［民国］吴敬恒

书法对联［130×30cm×2］纸本

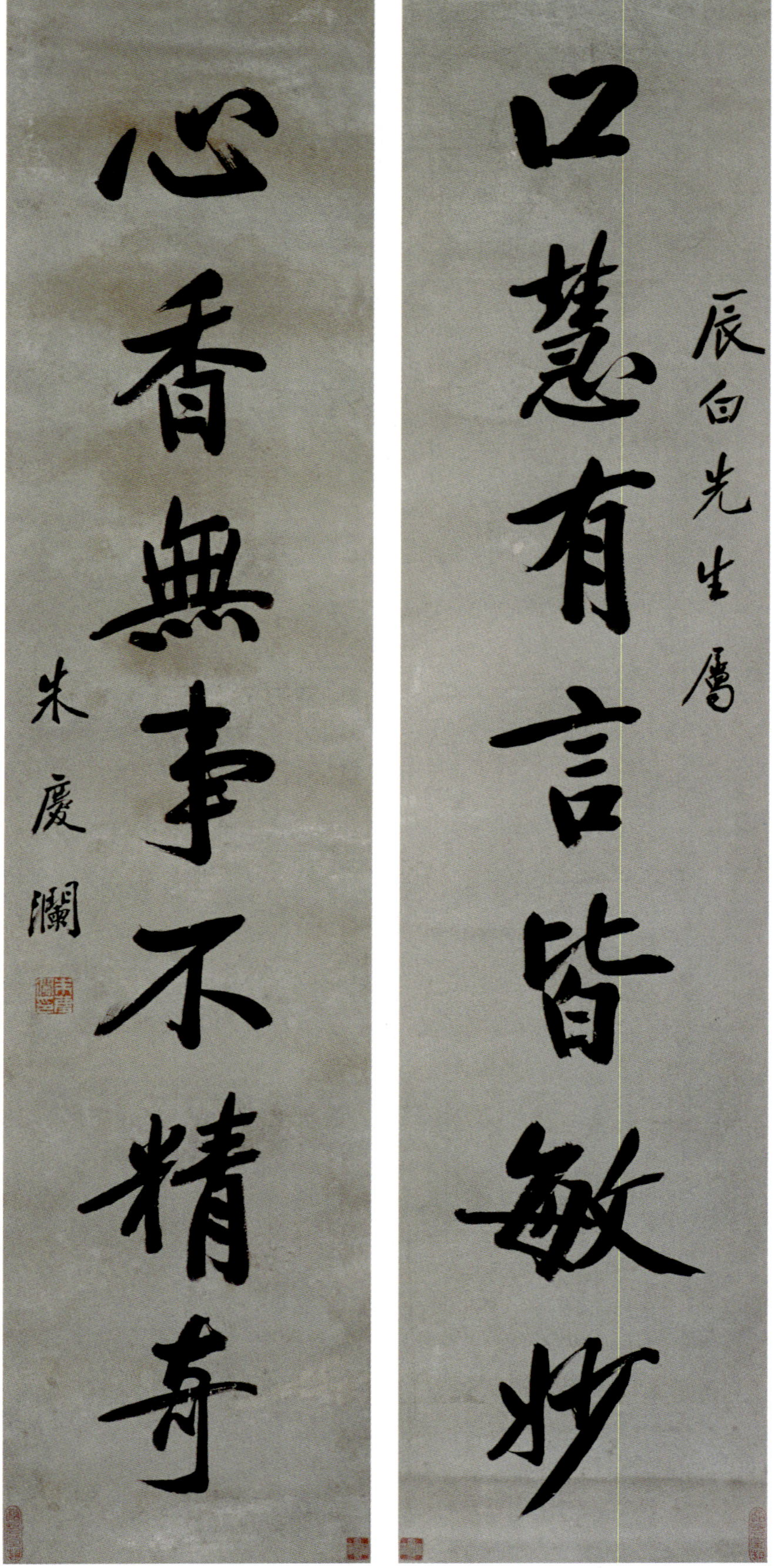

［民国］朱庆澜

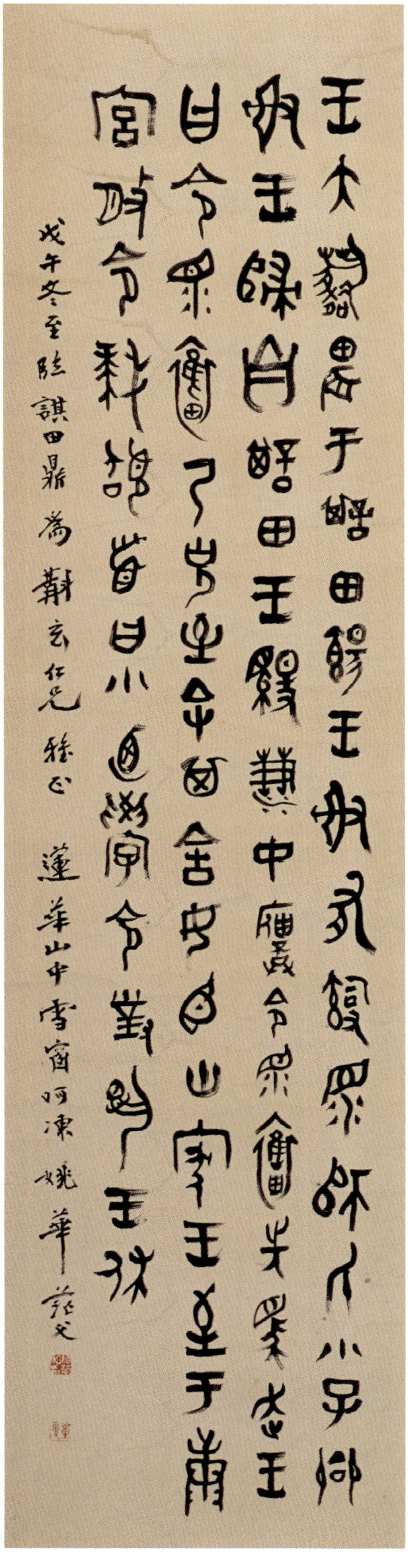

篆书轴［154×40cm］纸本

［民国］姚华

行书诗轴 [99×32cm] 纸本

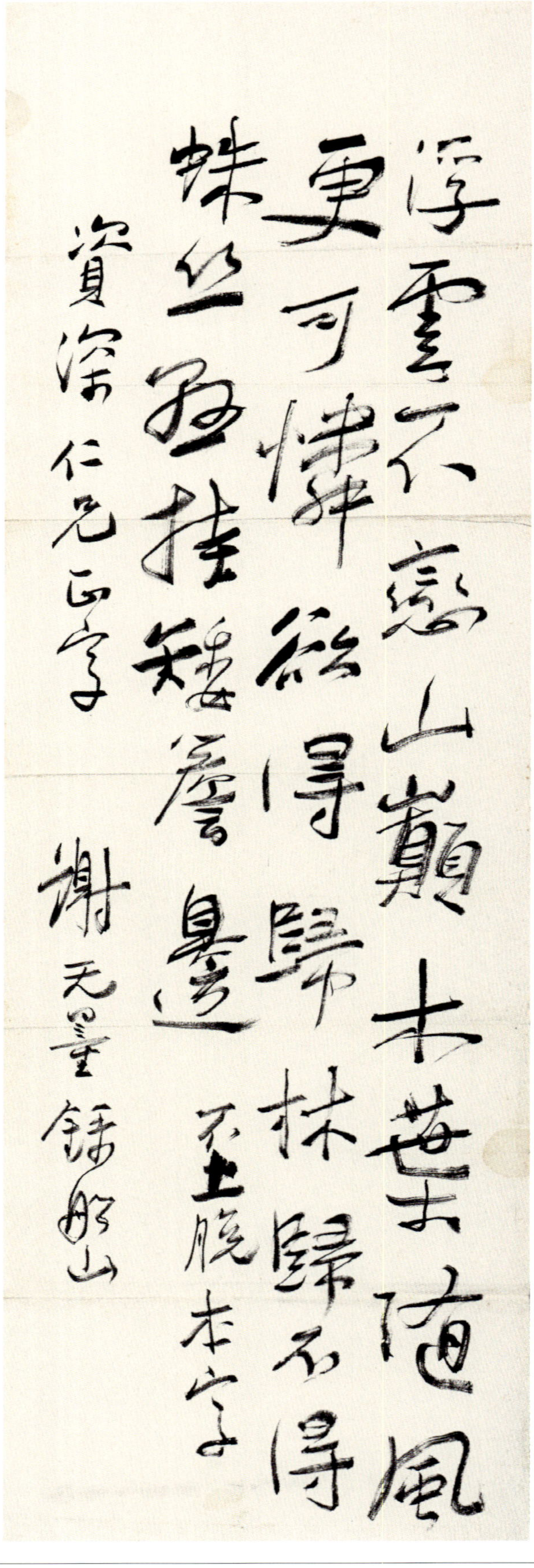

[民国] 谢无量

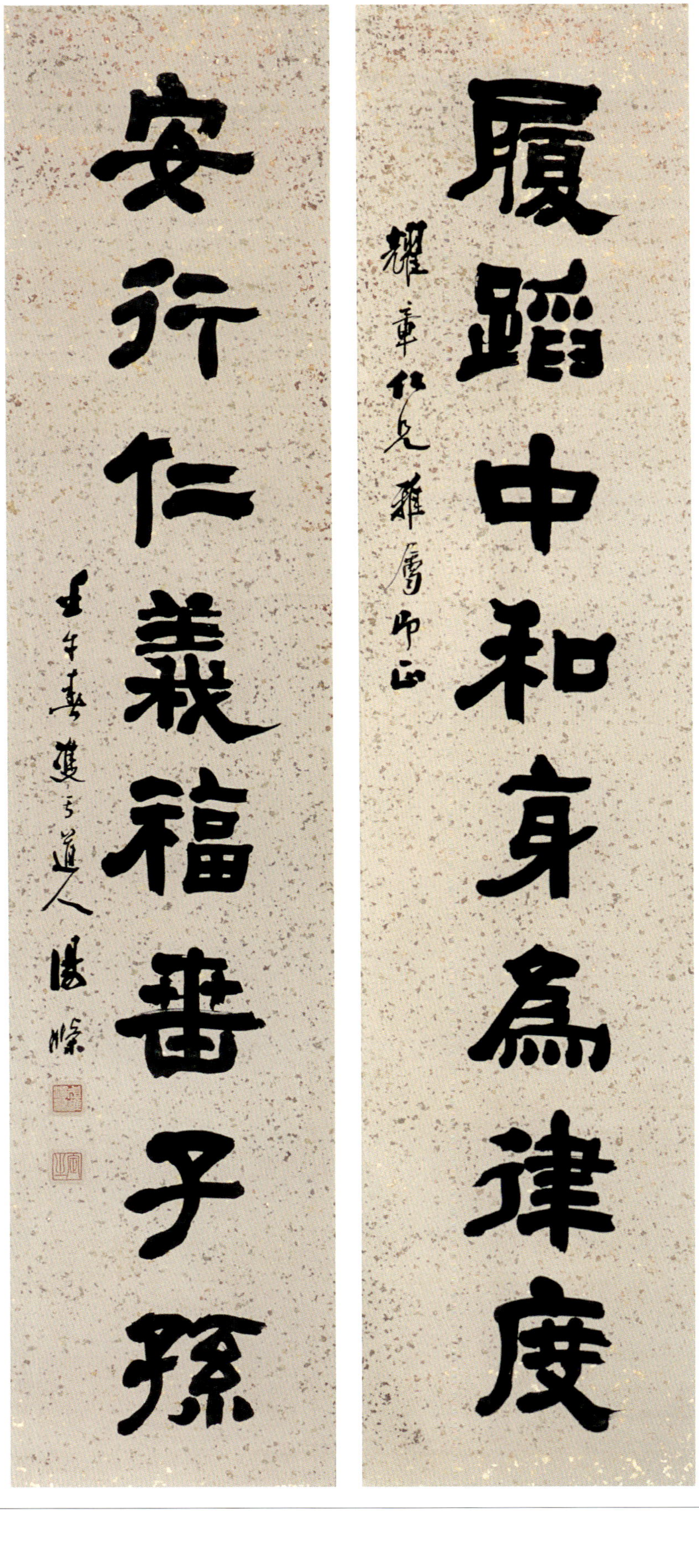
履蹈中和身爲律度
安行仁義福番子孫

隶书对联 ［154×40cm×2］ 洒金纸本

［民国］汤涤

山水四条屏［165×46cm×4］纸本

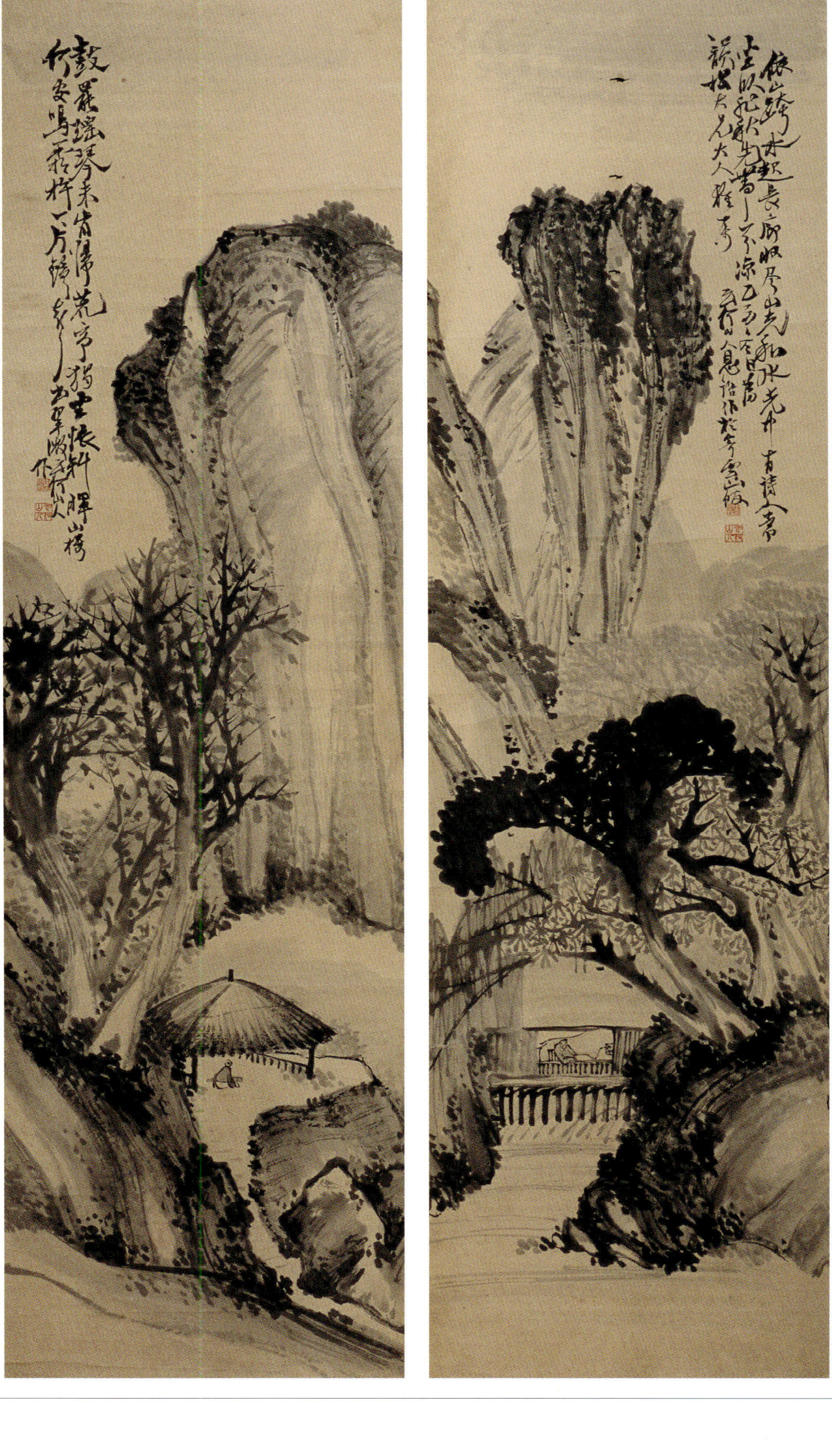

［民国］王恩浩

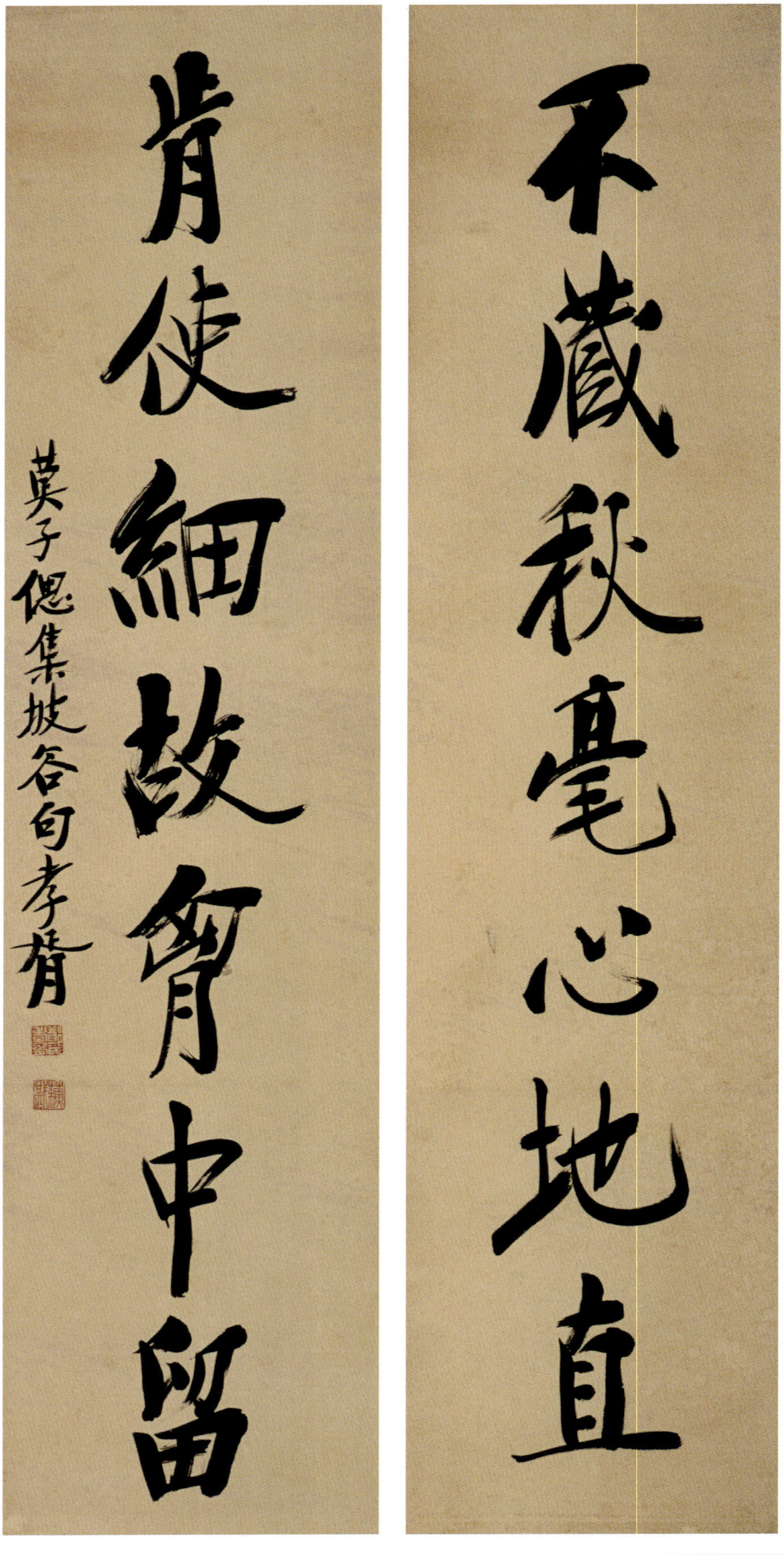
不藏秋毫心地直
肯使細故胸中留
莫子偲集坡谷句
孝胥

书法对联 ［133×31cm×2］ 纸本

［民国］郑孝胥

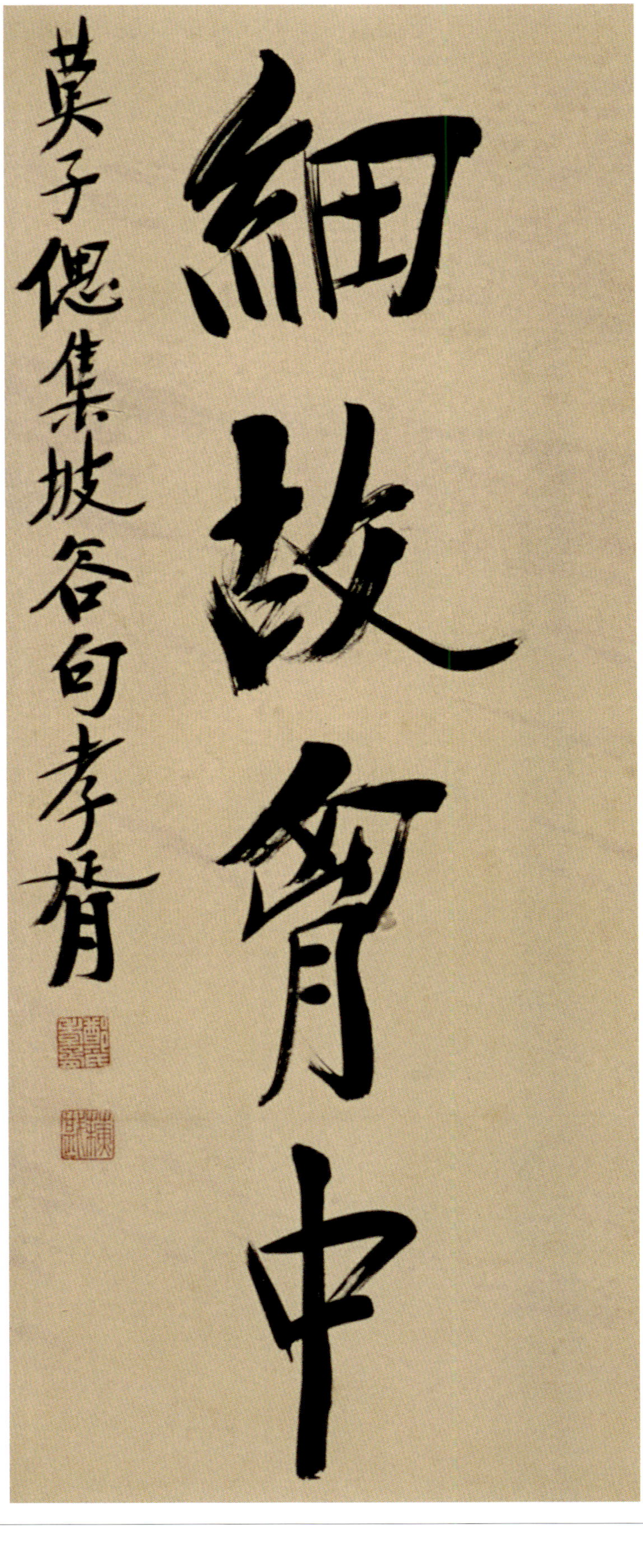
細故胷中
莫子偲集坡谷句孝胥

［局部］

草书对联 ［150×37cm×2］ 纸本

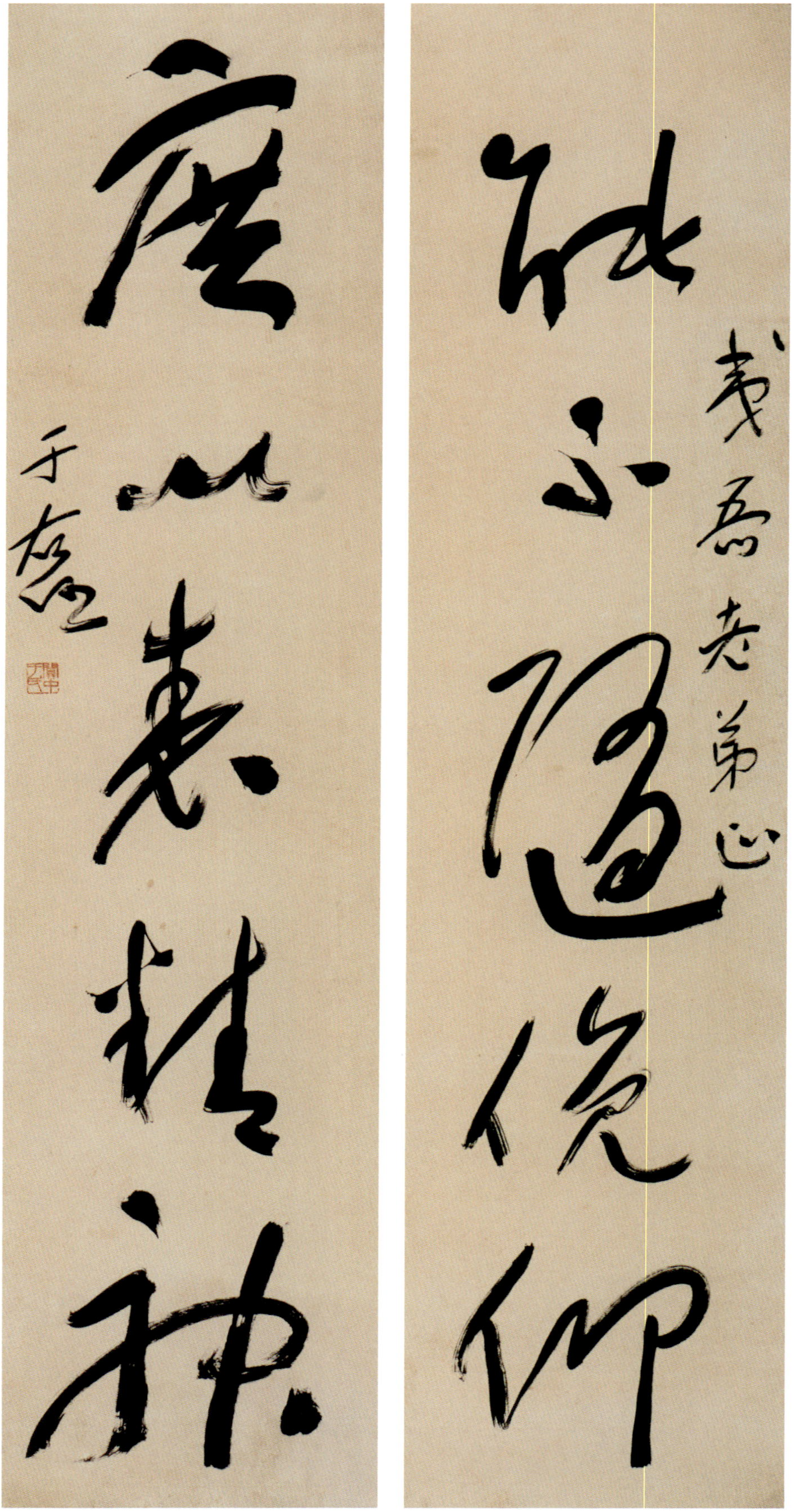

［民国］于右任

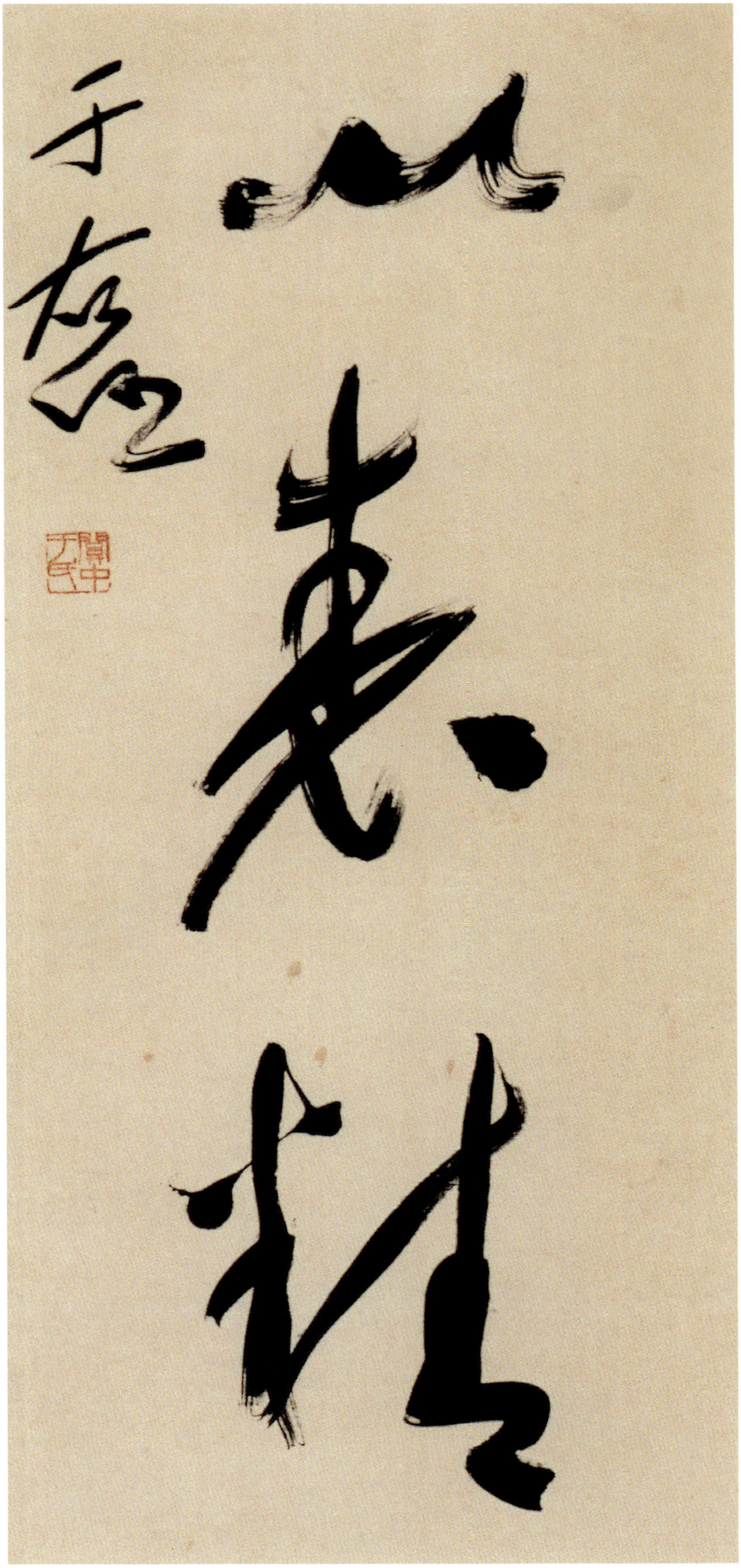

〔局部〕

书法轴 ［108×33cm］ 纸本

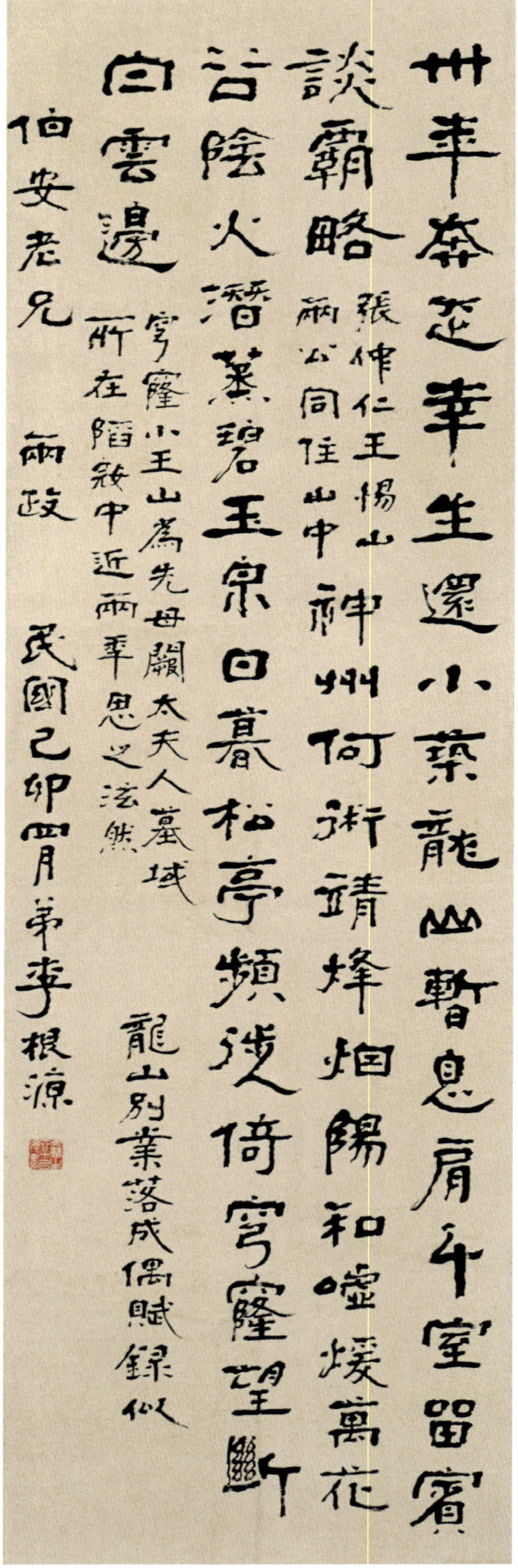
卅年奔走華生還小築龍山暫息肩千室留賓
談霸略
張仲仁王暢山兩公同住山中
神州何術請烽烟陽和噓煖萬花
苔陰火潛薰碧玉泉日暮松亭頻徙倚穹窿望斷
白雲邊
穹窿小王山爲先母闕太夫人墓域一所在陷敵中近兩年思之泫然
龍山別業落成偶賦錄似
伯安老兄
兩政
民國己卯四月弟李根源

［民国］李根源

墨竹立轴［62×41cm］绢本

［民国］唐继尧

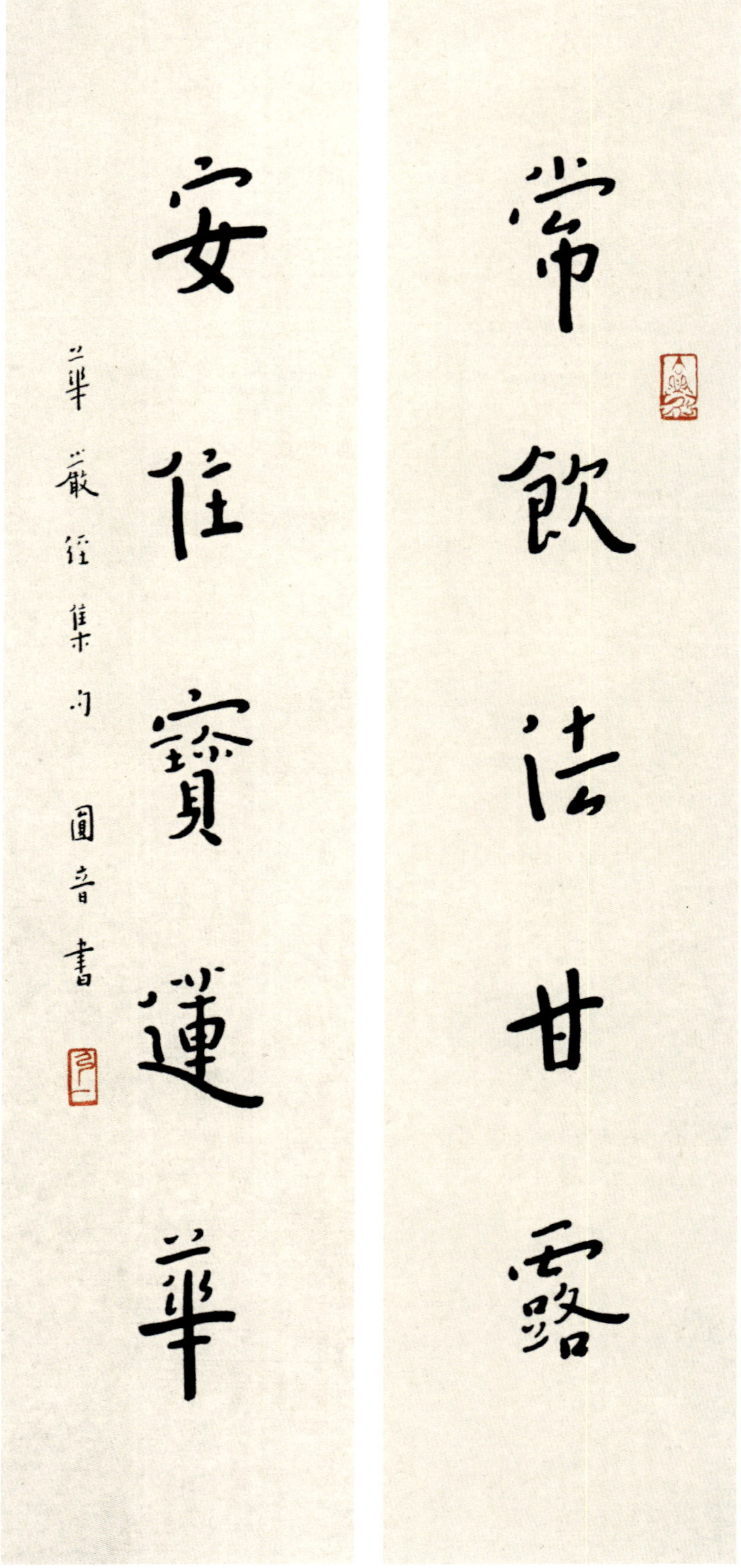
常飲法甘露
安住寶蓮華
華嚴經集句
圓音書

书法对联 ［67×15cm×2］ 纸本

［民国］弘一

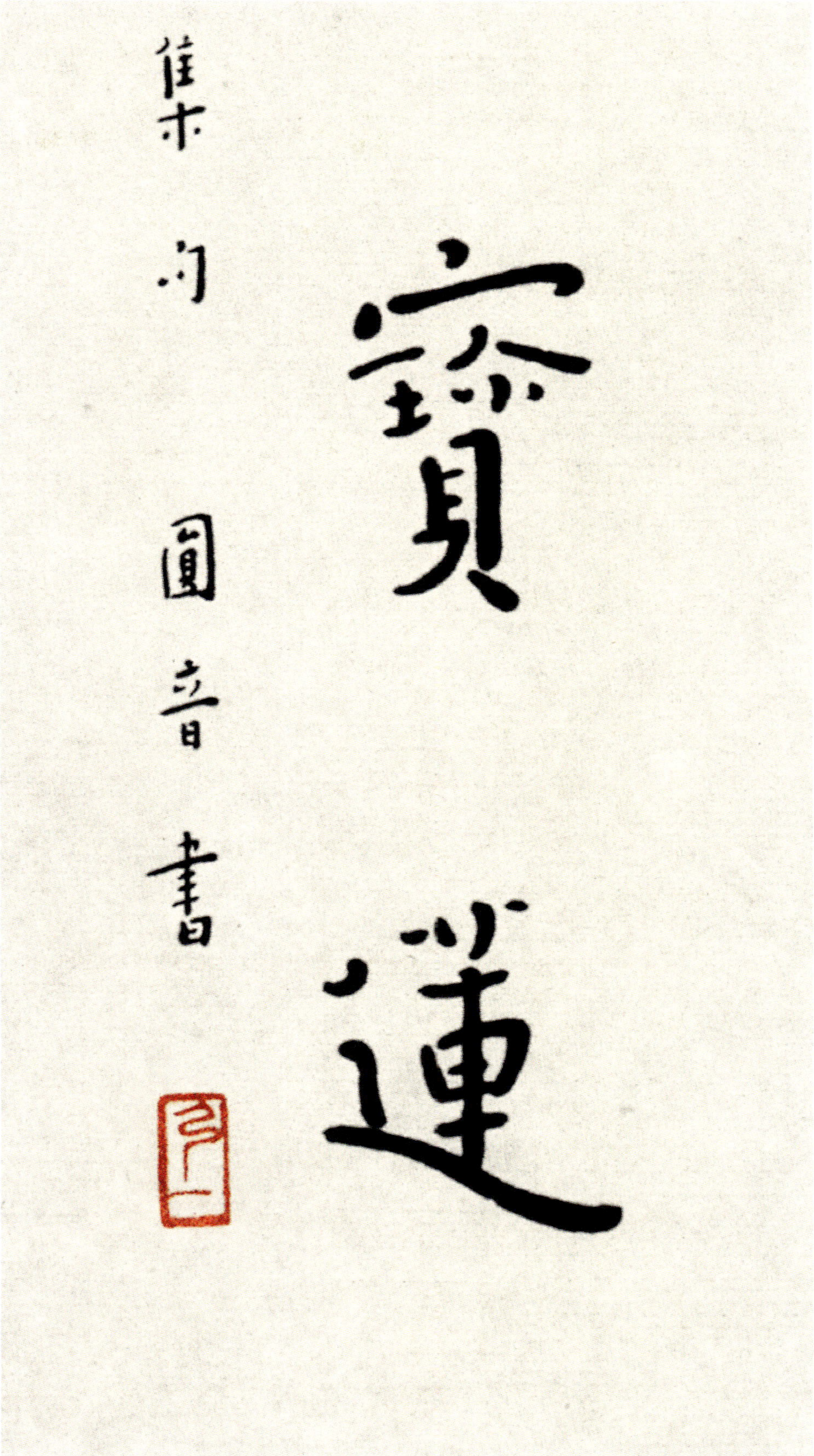

[局部]

行书对联 ［170×42cm×2］ 纸本

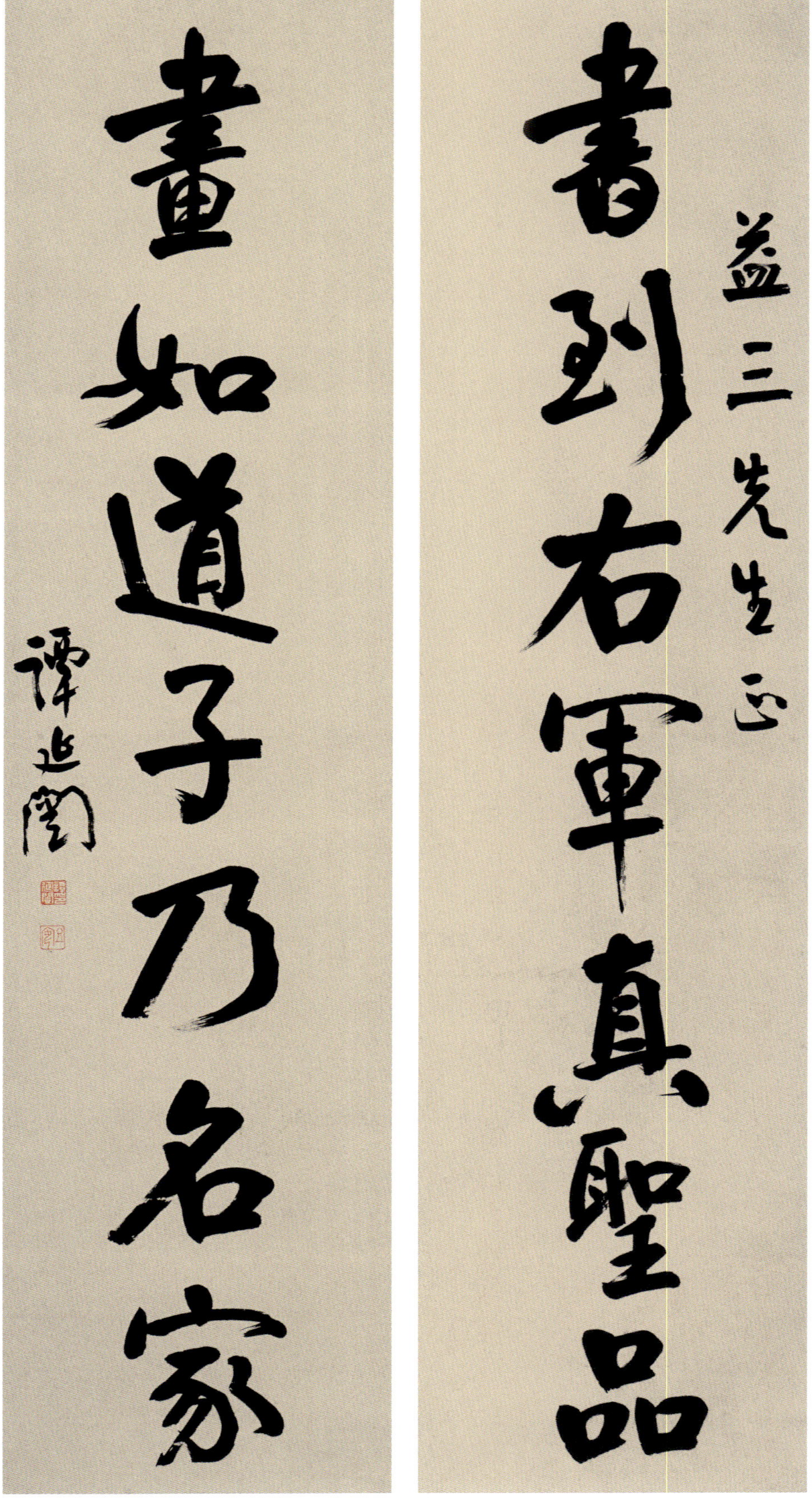
益三先生正
書到右軍真聖品
畫如道子乃名家
譚延闿

［民国］谭延闿

书法对联［133×32cm×2］纸本

［民国］谭泽闿

水族立轴［132×32cm］纸本

［近现代］齐白石

一天细雨战秋声 ［78×41cm］ 纸本

［近现代］潘天寿

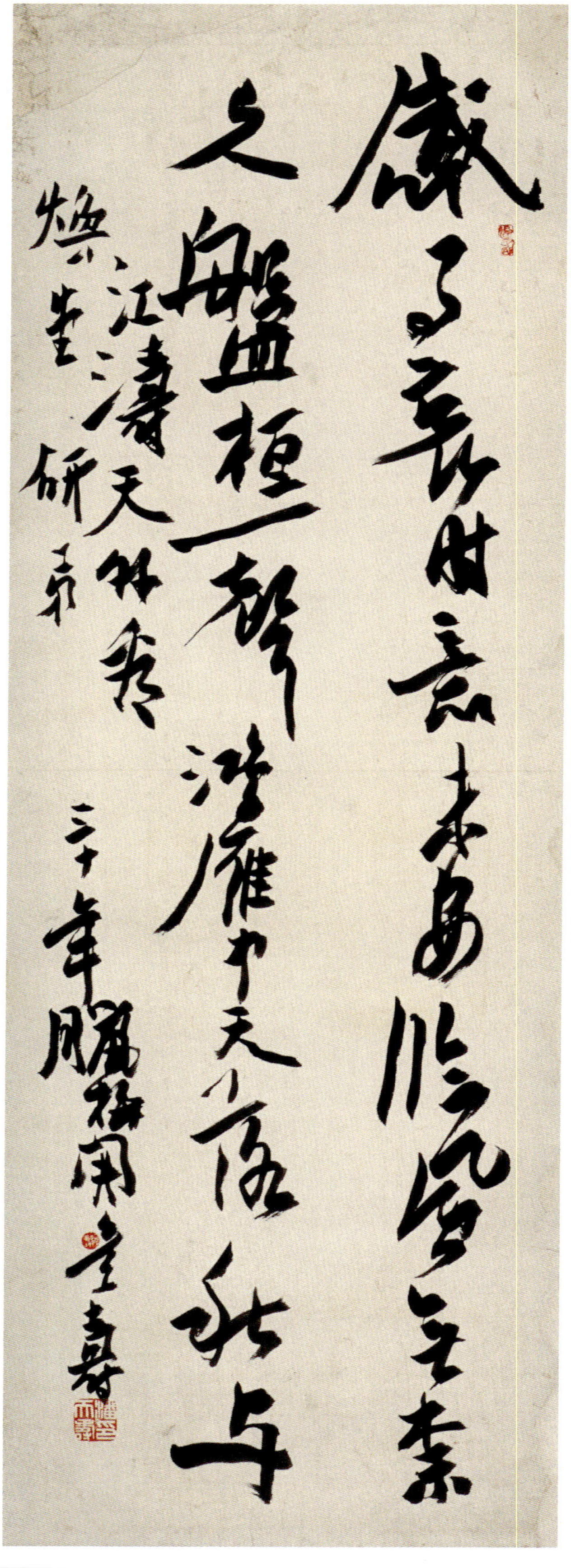

行书诗轴 ［128×44.5cm］ 纸本

［近现代］潘天寿

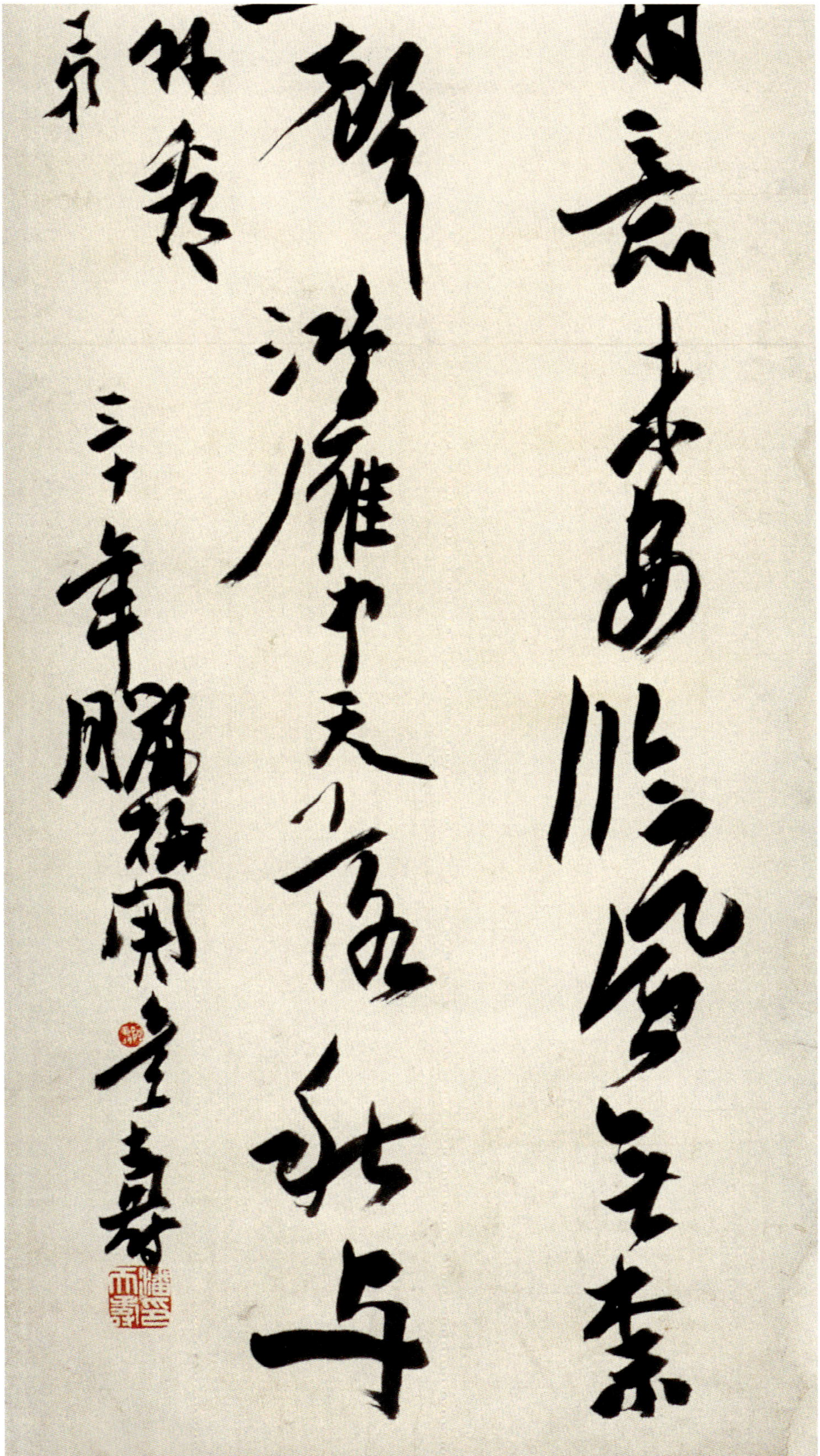

[局部]

双骏图［68×59cm］纸本

［近现代］徐悲鸿

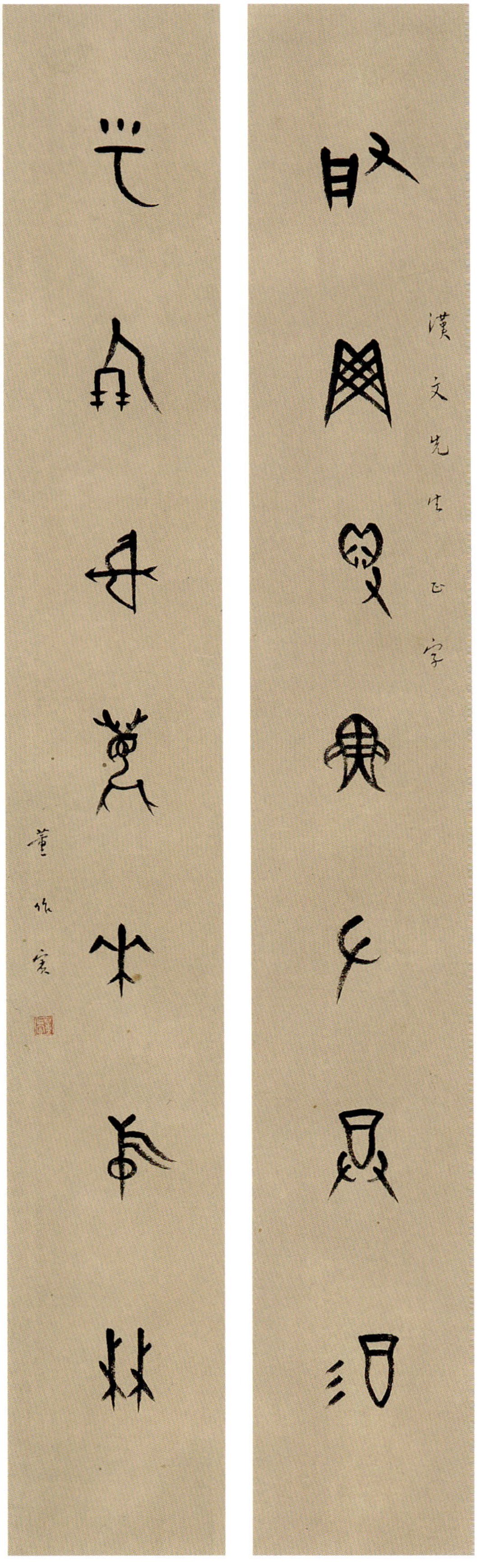

甲骨文对联［133cm×27.5cm×2］纸本

［近现代］董作宾

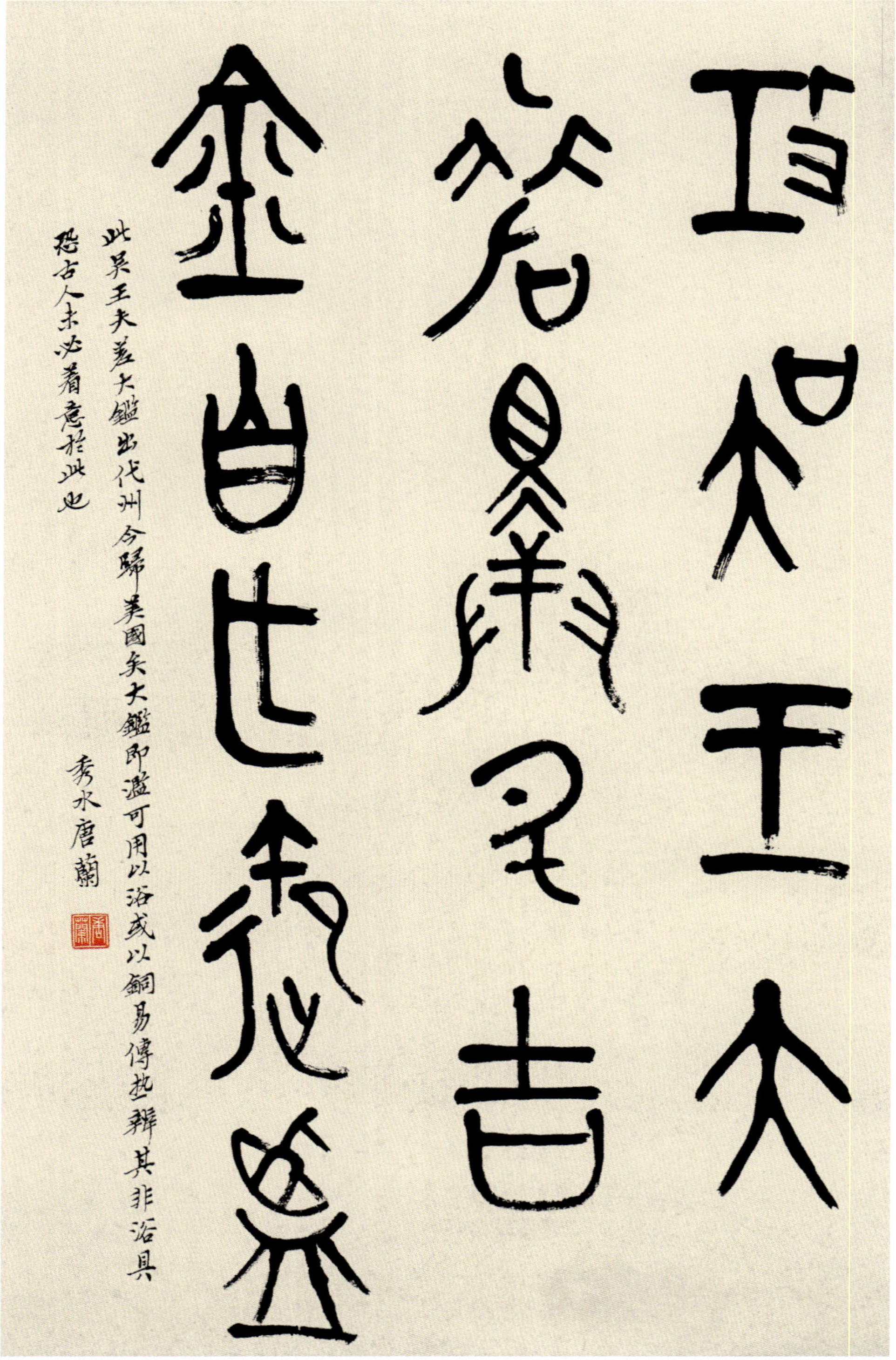
此吴王夫差大鑑出代州今歸美國矣大鑑即濫可用以浴或以銅易傳執辨其非浴具
恐古人未必着意於此也
秀水唐蘭

金文轴 ［50×32cm］ 纸本

［近现代］唐兰

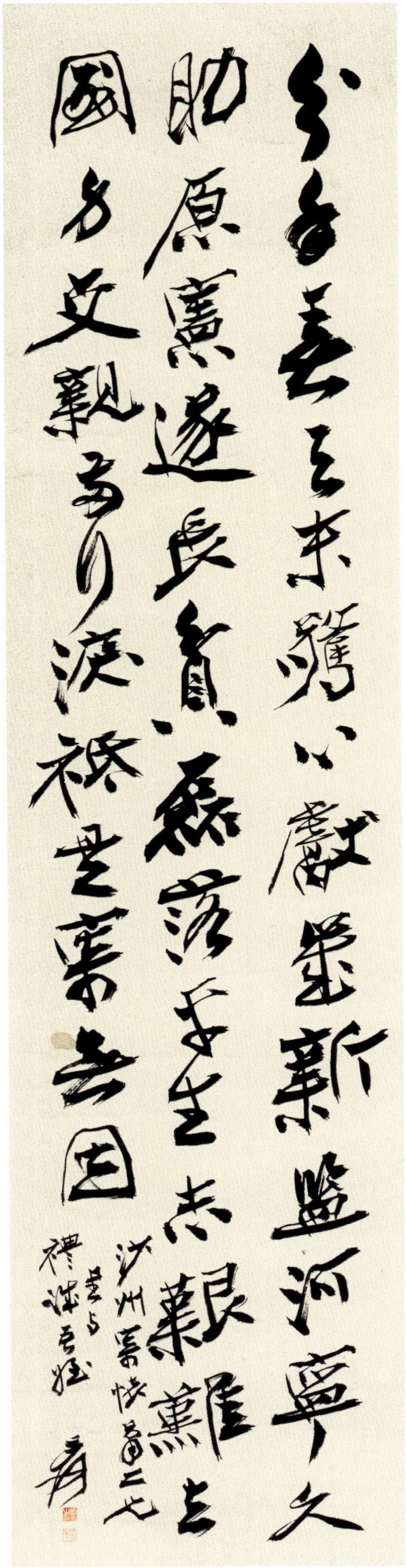

自书诗轴 ［161.5×40.5cm］ 纸本

［近现代］张大千

长春图 ［264×122cm］ 纸本

［近现代］周霖

花鸟轴 ［106×40cm］ 纸本

［近现代］周霖

山水圆光 ［直径24cm］ 绢本

［近现代］周霖

［近现代］林散之

草书对联 ［134×33cm×2］ 纸本

玉龙春色［136×67cm］纸本

［当代］刘傅辉

金翎玉羽［68×54cm］纸本
［当代］袁晓岑

紫绶金印画轴 ［89×45cm］ 纸本

［当代］袁晓岑

秋色秋香［138×68cm］纸本

［当代］许麟卢

山茶按谱甲于滇［66×46cm］纸本

［当代］王晋元

图录

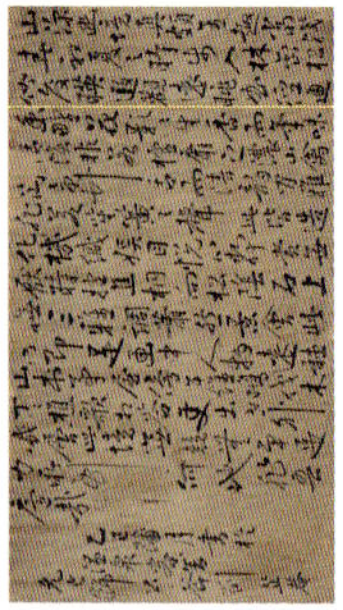

书法横幅（133×73.5cm） 纸本

兰茂 ［明］（1397～1476），字廷秀，号止庵（一作芷菴），云南石羊（今云南嵩明）人。云南著名音韵学家、药物学家、学者和诗人。有《声律发蒙》、《韵略易通》、《芷菴吟稿》、《信天风月通玄记》（南曲剧本）、《玄壶集鉴例》、《安边条策》、《医学挈要》、《山堂杂稿》、《滇南本草》等十余部著作。

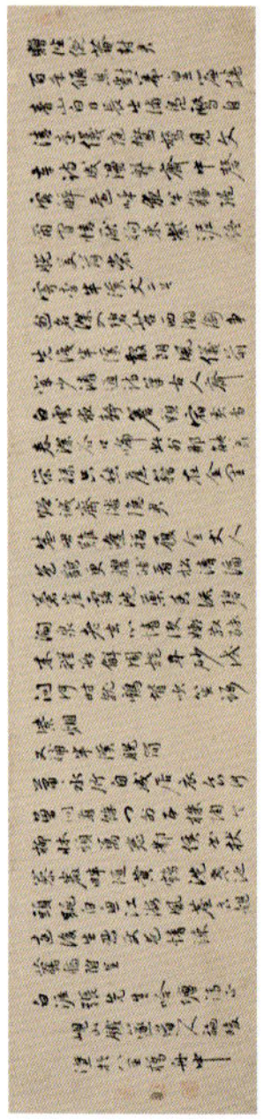

诗抄手卷（122×27.5cm） 纸本

施峻 ［明］（约1550年前后在世），字平叔，浙江湖州人。浙江著名诗人，藏书家。嘉靖十四年（1535年）进士，官至青州府知府。工诗，隽永流丽，有《琏川诗集》八卷行于世。

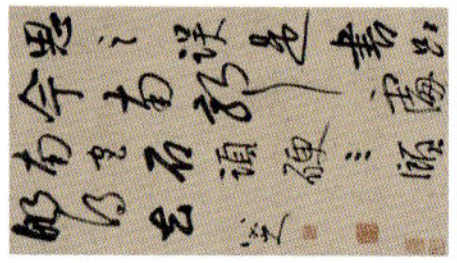

行草诗轴（70×38cm） 纸本

八大山人 ［明末清初］（1626～1705），原名统，又名朱耷，号八大山人、雪个、个山、个山驴、人屋、良月、道朗等。清代著名画家，清初画坛『四僧』之一，是我国绘画史上的『怪杰』。擅山水、花鸟、书法，笔墨简括、冷峭、凝炼，虽着墨不多，均生动尽致，无景处亦成妙境，别具灵奇。中国的文人写意画到八大山人，在笔墨的运用上达到了前所未有的高度，正是妙悟者不在多言。齐白石称其为三百年来领袖群伦，为画坛巨擘。八大山人书法成就颇高，但被画名所掩，注目者不多。黄宾虹尝称『书一画二』，确为至言。

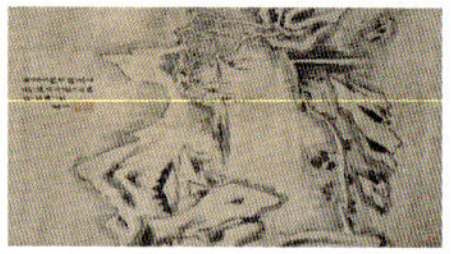

山水轴（110×45cm） 纸本

担当 ［明末清初］（1593～1673），俗姓唐，名泰，字大来，法名普荷，又名通荷，字担当，云南晋宁人。自幼颖悟，善为文，尤工诗赋。天启年间以明经赴京应试，不第。于是遍游南北，纵览名山大川，并学诗书画于董其昌、陈眉公、李本宁诸大家门下，受到名家赞赏器重。董其昌称担当的诗『温敦典雅，不必赋帝京而有四杰之藻，不必赋前出塞而有少陵之法』。李本宁云：『清而不薄，婉而不伤，法古而不袭迹，卑今而太吊诡。』陈眉公也称担当『灵心道响』，为『当世奇男子』。

山水轴（110×45cm） 绢本

王建章 ［明末清初］（生卒年不详），字仲初，号砚墨居士，福建泉州人。善画佛像，自谓不让李公麟。山水宗董源，笔力雄伟，有不可羁勒之概。道生谓其『墨有五采，非世人所知』。又善写生，花卉翎毛，为一时绝艺。然性廉直，非同志不轻落笔。崇祯三年（1630年）作《庐山瀑布图》，翌年仿赵孟頫《罗汉卷》。顺治七年（1650年）在日本作《琵琶行图》。按《福建画人传》另有王砚田者，明人，字仲初，温陵人，山水宗董源，疑即其人。待考。

兰花轴（182×79cm） 纸本

白丁 ［明末清初］（1626年～?），字过峰，一字行民，又称民道人，明楚王之裔。绘画史上有名的画兰大家，画史称其『工写兰，抒其心画，当与郑思肖、赵孟坚旷世同珍』。白丁画兰花均以焦墨渴笔写叶，淡墨含水写花枝，浓墨点醒花心。用笔豪宕纵逸，有狂草书法笔意贯于其中，撇捺转折，处处神韵陡现，不求形似，却更显兰之潇洒脱俗、不染凡尘的品性。郑板桥论画曰：『僧白丁画兰，浑化无痕迹，万里云南，远莫能致，付之想梦而已。』白丁作品传世绝少，据《中国古代书画图目》载，全国各地馆藏仅南京博物院、云南省博物馆、浙江省博物馆藏有数幅。

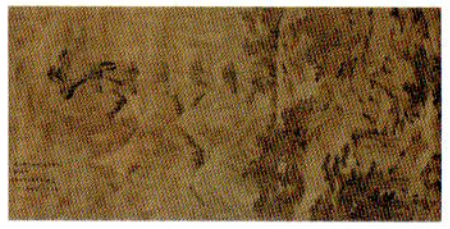

山水立轴（203×96cm） 纸本

方正阳 ［清］（生卒年不详），字丽生，后更名铎，字木公，云南陆良人。颜其室曰觉斋。工山水、佛像，《鸡足山志图》及《迦叶尊者像》即斯手笔。

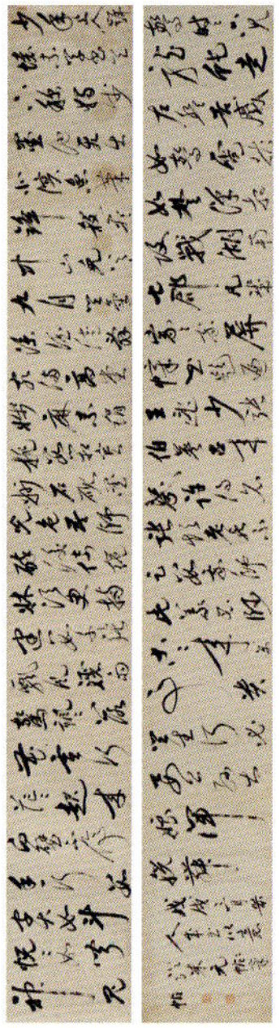

书法长卷（700×45.5cm） 纸本

成玉 ［明末清初］（生卒不详），山西大阳人。郡庠生，未仕。时为泽州书法名家。其书宗二王，有宋人意味，与董其昌学宋有异曲同工之妙。功力深厚，极富神韵，为时人所珍爱。他留下了不少书碑，但大都湮没。康熙四十五年（1706年）所书『创建南河庵舞楼暨补修碑记』尚在庵之残壁上。成都杜甫草堂收藏有他的作品，甚得珍视。

山水条幅（100×44cm） 绢本

吕焕成 ［明末清初］（1630～1705），字吉文，浙江余姚人。善人物、花卉，兼长山水，好做劈斧皴，风格颇似戴进。道释神像，笔法工整，设色古雅。

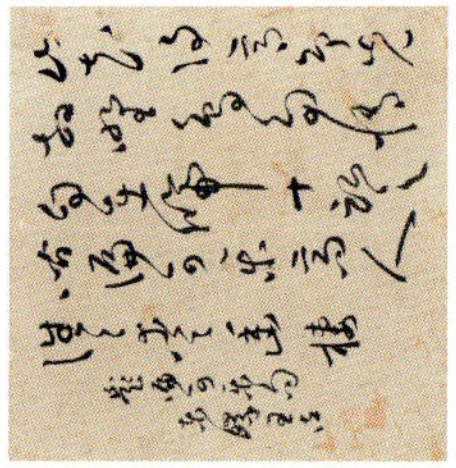

草书斗方（26×26cm） 纸本

王佐 ［明末清初］（生卒年不详，《云南传世书法》将其定为明代），云南腾越（今云南腾冲）人。工四体书，兼善山水、翎毛，才艺俱优。以书、画自娱，参将沐崧欲延入幕府，却之。

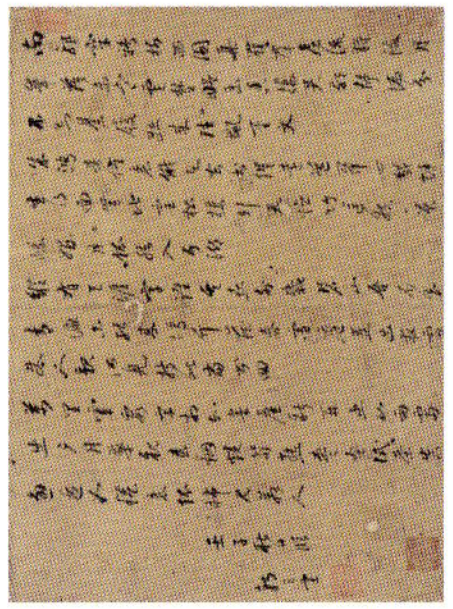

书法斗方（31.5×24cm） 绢本

郭之建 ［明末清初］（生卒年不详），字用皇。不乐仕进，好读书，能诗歌，善书法，喜与牧童为伍。书法穆然深静，得黄慎轩笔意。

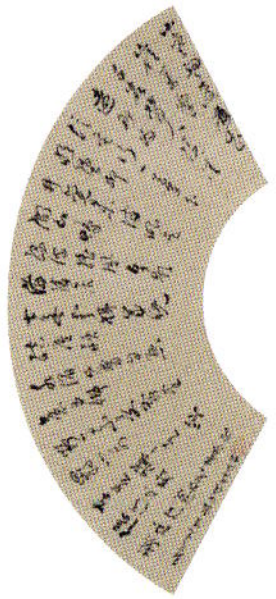

书法扇面（55×25cm） 纸本

徐枋 ［明末清初］（1622～1649），字昭法，号俟斋，自号秦馀山人，江苏吴县（今江苏苏州）人。崇祯十五年（1642年）举人。于天平山麓筑涧上草堂隐居，终身不入城市，与宣城沈寿民、嘉兴巢鸣盛称『海内三遗民』。书善行草，法孙过庭及《十七帖》，俱为世所重。画山水师董、巨、荆、关，亦宗倪、黄。诗文出入韩、柳间。好写芝兰，亦不苟作。著《居易堂集》。

行草中堂（141×60.5cm） 纸本

阚祯兆 ［清］（1641～1709），字诚斋，号东白，别号大渔，或杞湖散人、兰陵客等，祖籍山东，落籍通海。诗仿杜子美、李太白，文学韩昌黎、苏子瞻。传世著作有《大渔集》、《北游草》以及晚年亲手编撰的《通海县志》。其楷书法二王，草书出于张旭、怀素，有『龙蛇落笔惊风雨』之誉，名重滇中，一生写过许多书法作品传世。年轻时，初入欧、柳，深谙二王《十七帖》之妙。中年以后，其书有似张旭、怀素的草书风格，特别是对怀素的《草书千字文》、《自叙帖》用功精深，达到了几能乱真的境地。

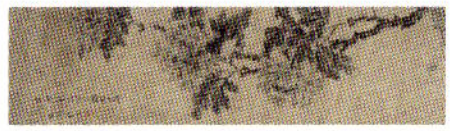

水墨牡丹（105×28cm） 纸本

钟岳 ［清］（生卒年不详），字南冈，一字尊岩，云南通海人。康熙年间诸生，多才善艺，雕塑、绘画均长。墨牡丹名重一时，山水苍深秀润。书法受阚祯兆（东白）熏陶，草书亦多阚氏韵味。秀山匾额，多出其手。其所作泥塑有通海武庙关夫子像，栩栩如生，睹之有肃然起敬之感；门生处外两马，怒吼奔腾，有脱缰驰骋之势。其他有香岩寺十八罗汉、哼哈二将，威武异常，氛势逼人。

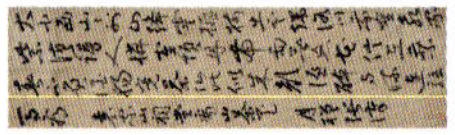

书法条幅（163.5×43.5cm） 板绫

张汉 ［清］（1680～1759），字月槎，号莪思，晚号蛰存，云南石屏人。曾授翰林院庶吉士，升检讨，任河南府知府。乾隆元年（1736年）复授检讨，迁任山东道御使。工行草书，文名尤著，著作有《留砚堂集》。

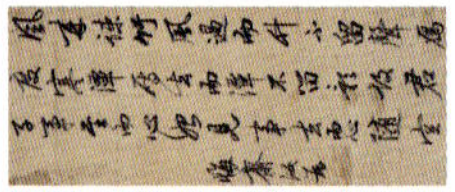

书法条幅（132.5×52cm） 纸本

马汝为 ［清］（生卒年不详），字宣臣，号悔斋，云南元江人。康熙三十年（1691年）进士，授检讨，与修国史，官至铜仁府知府。悔斋先生的书法成就很高，除其勤学苦练，师学右军（王羲之）之外，还在于对我国书法艺术的发展演变历史进行了系统的研讨，对历代书法名家的艺术成就进行了深入的探索，学其精华，博取众彩，书法二王、赵孟頫，得其神韵。著《悔斋诗集》。

山水轴（66.8×23.8cm） 纸本

华岩 ［清］（1682～1756），字德嵩，更字秋岳，号新罗山人、离垢居士等，别号东园生，福建上杭人。诗文、绘画均有所成就。雍正十年（1732年）定居扬州，以卖画为生，与金农、李鱓、罗聘、郑燮、丁皋、程兆熊等有往来，扬州画派（扬州八怪）的代表人物之一。画风早年受恽寿平影响，后师法朱耷和石涛。张庚《国朝画征录》评其『脱去时习，而力追古法，不求妍媚，诚为近日空谷足音』。有《离垢集》五卷。

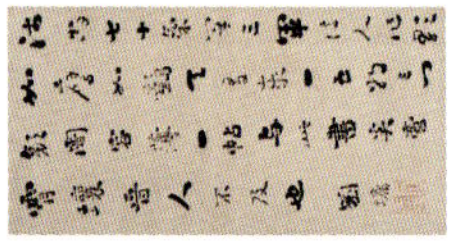

书法轴（55×28cm） 纸本

刘墉 ［清］（1719～1805），字崇如，号石庵，谥文清，山东诸城人，大学士刘统勋子。官至体仁阁大学士。书法魏晋，笔意古厚，其书初从赵孟頫入，中年后乃自成一家。貌丰骨劲，味厚神藏，不受古人牢笼，超然独出。有学书偶成三十首，用元遗山论诗绝句韵。尝奉旨刻《清爱堂贴》。晚年书代笔最多，其但署名『石庵』二字及用长脚『石庵』印者皆代笔。

行书对联（129×29cm×2） 花笺

周于礼 ［清］（1720～1779），字绥远，一字亦园，号立崖，云南习峨（今云南峨山）人。乾隆十六年（1751年）以孝廉举进士。初为江南道监察御史，由编修三迁历官，大理寺少卿。工诗文，简质有法度，耽吟咏。又善行、草，其书法苏轼、米芾，笔势雄伟。家有听雨楼，庋藏宋元名贤手迹，多勒石者。他取法前人，自成一体，制《听雨楼法帖》，清代名家叶昌炽（金石学家）称其为『别开生面』。著有《敦彝堂集》、《听雨楼诗草》、《听雨楼法帖》等。

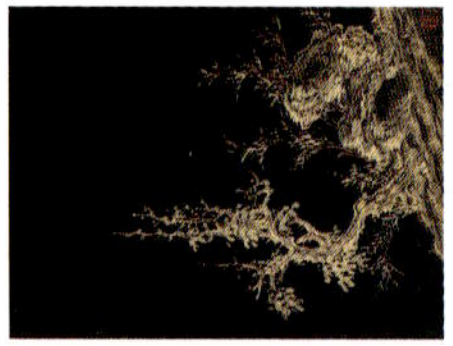

泥金山水册页（13.5×10cm） 磁青纸本

钱维城 ［清］（1720～1772），字宗磐，一字幼安，号幼庵、茶山，晚年又号稼轩，谥文敏，江苏武进（今江苏常州）人。乾隆十年（1745年）状元。曾官刑部侍郎，又入直南书房。善画，诗文书画皆为一时名手。书学苏轼，遒丽秀媚。初画花鸟，颇秀洁清丽，后转画山水，以笔秀色妍，清雅端庄得供奉内廷，为书画侍从之臣。

隶书对联（242×52cm×2） 纸本

桂馥 ［清］（1736～1805），字冬卉，一字未谷，号雩门，别号肃然山外史，晚称老苔，又号渎井，又自刻印曰『渎井复民』，山东曲阜人。乾隆五十五年（1790元）进士，官至云南永平知县。学问赅博，长于金石考据之学。翁方纲、阮元极推之。篆刻、汉隶雅负盛名，愈小愈妙，其八分书论者以为百余年来第一。暮年始好写生，别饶古韵。间作墨竹一丛，苍苔数点，意趣横逸。在陈道复、徐渭之间。钱杜尝舆讨论，谓画中唯点苔为难，故自号『老苔』云。兼能山水，宗倪、黄。

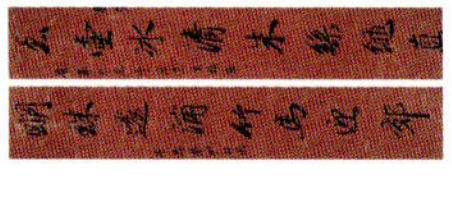

行书对联（167×27.5cm×2） 描金红笺

尹壮图 ［清］（1738～1808），字万起，一字楚珍，云南蒙自人。乾隆三十一年（1766年）进士，改庶吉士。官至内阁学士兼礼部侍郎，后掌教五华书院。书法醇厚有画沙印泥之妙。著《楚珍诗集》，自编年谱。

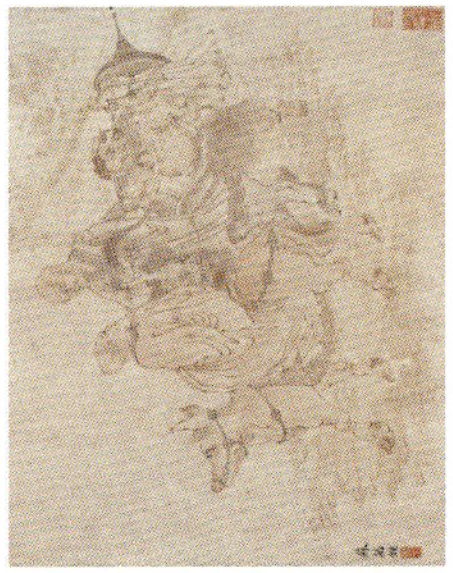

罗汉图（40×30cm） 纸本

苏万钟 ［清］（生卒年不详），字芳田，昆明诸生。精于医道，工人物仕女、花卉，妍丽苍秀。

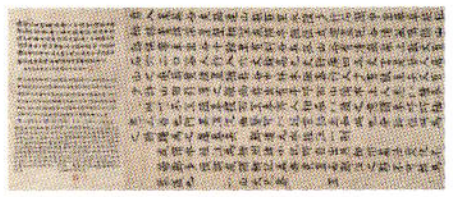

楷书中堂（173×30cm） 纸本

钱南园 ［清］（1740～1795），名沣，字东注，一字约甫，号南园，云南昆明人。乾隆三十六年（1771年）进士，入翰林院检讨，官历通政司副史、江南道御史、湖南学政，为官清正廉洁，刚介不阿，清史稿载有『直声震海内』。善书法，尤善楷，誉为颜鲁公后第一人。能画马，钢勾铁划，有『瘦马御史』之称。

山水轴（53×36cm） 绢本

杨毓兰 ［清］（生卒年不详），字畹亭，活跃于清乾隆时期，是清中期云南著名画家、云南画派的代表。善山水、人物。乾嘉时期云南著名画家李诂是他的学生。

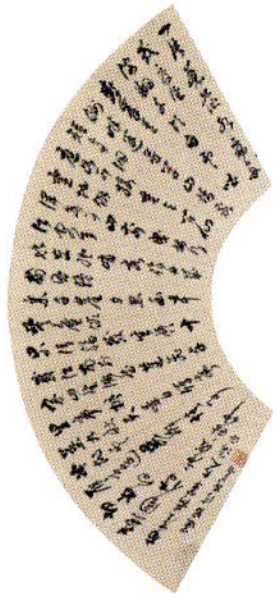

行书扇面（57×26.5cm） 纸本

法式善 ［清］（1753～1822），姓伍尧氏，原名运昌，字开文，号时帆，一号梧门，蒙古正红旗。乾隆四十五年（1780年）进士，官祭酒。书法赵孟頫。工山水，笔意似罗聘。有《诗禽图》，卷尾有自题行楷诗《龛图记》，张问陶等为之跋。其《峦峒绎秋图》现存日本。著《素存堂稿》、《槐厅笔记》。

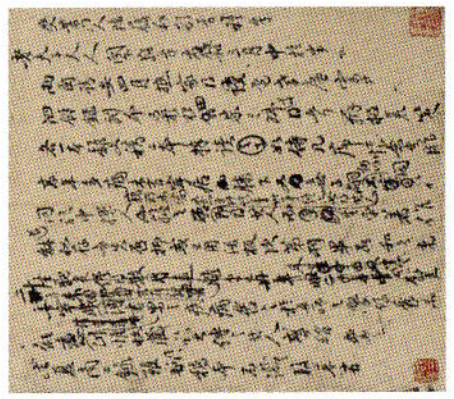

书法手稿册页（53×36cm） 纸本

陈履和 ［清］（1761～1825），字介存，号海楼，云南石屏人。乾隆时官山西太谷县令，浙江东阳县令。工诗、古文，精训诂、小学、金石考据之业。书法秀健，画梅有别趣。曾有《海楼文集》，但却没有印行。在云南省图书馆中，有其同乡、清末经济特科状元袁嘉谷得到的一个小小的抄本手稿，题跋文：『海楼文多遭毁，此乃搜访所得。前一篇为海楼手书真迹，犹可宝也。树五识。』

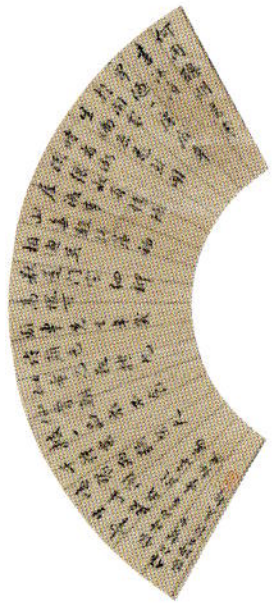

书法扇面（42×14cm） 纸本

童钰 ［清］（1721～1782），字璞岩，一字二树，二如，号借庵子，又号扎严，浙江山阴（今浙江绍兴人）人。诗画皆工，亦善书。清蒋宝龄《墨林今话》云：『二树性落拓不为家计，卖文钱随手辄尽，喜购秦权汉布及古铜印法书名画，以隶，草法写水石兰竹。』清秦祖永《桐阴论画》称钰『尤精古隶』。其画梅苍老古朴，墨气雄厚。爱蓄古铜印章，精篆刻。著有《二树山人集》、《香雪斋馀稿》等。

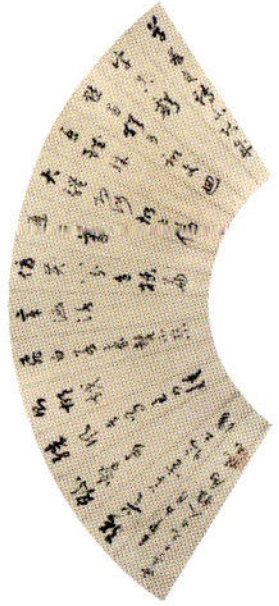

行书扇面（52×18cm） 纸本

阮元 ［清］（1764～1849），字伯元、良伯、漂伯，又署伯元父，号芸台，一作云台，居忧时号雷塘庵主，晚号怡性老人、（研）经老人、节性斋老，江苏仪征人（又署镇江扬州人）。精通经学，又以藏书为事，是清中期著名学问家及藏书家。善书隶、行、楷，精鉴金石、书画。作花卉木石，笔致秀逸。著作之富甲于一时。其论书之作，以《南北书派论》、《北碑南贴论》为最著。

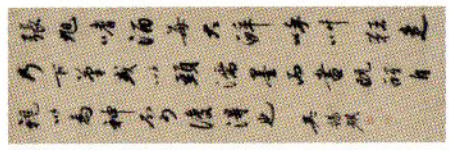

行书轴（97×29cm） 纸本

吴锡麒 ［清］（1746～1818），字圣征，号谷人，浙江钱塘（今浙江杭州）人。乾隆四十年（1775年）进士，授翰林院编修，嘉庆六年（1801年）升至国子祭酒，两充会试同考官。主讲扬州安定、乐仪书院。能诗，工骈体文，继杭世俊、厉鹗后为浙中诗派领袖。工书法，尤善行、楷。著有《正味斋集》、《有正山房集》、《热河小记》等。

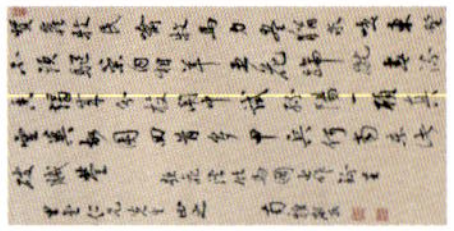

行书立轴（66×32cm） 纸本

顾莼 ［清］（1765～1832），字希翰，号南雅，又号息庐，江苏吴县（今江苏苏州）人。嘉庆七年（1812年）进士，改庶吉士，授编修，尝讲学于五华书院。手书朱熹《白鹿洞规》刻石壁间。晚岁得『文坛耆宿』之誉。官滇时辑《滇南采风录》二卷、《律赋必以集》。『诗文师大苏，音格高雅。赋骈体皆师唐宋。』莼性严正，尚气节，晚益负时盛，书工楷法，师欧阳询，下笔英挺，行、草、分、隶亦沈郁入古。所著有《南雅诗文钞》、《清史列传》行于世。

米家山水图轴（103×190cm） 纸本

李诂 ［清］（生卒年不详），字仰亭，清乾隆、嘉庆年间昆明布衣。性敏慧，为人放达，善摹前人书画，见古名画辄临摹，几逼真，曾师昆明著名画家杨毓兰，仰慕其画艺而取字为仰亭，后一直以李仰亭名世。善画山水、墨竹、人物写像，神形毕肖。也能篆隶。时人以其书画为贵。嘉庆十三年（1818年）绘《贡职诸夷图》百余幅，神采酷肖，世誉善本。

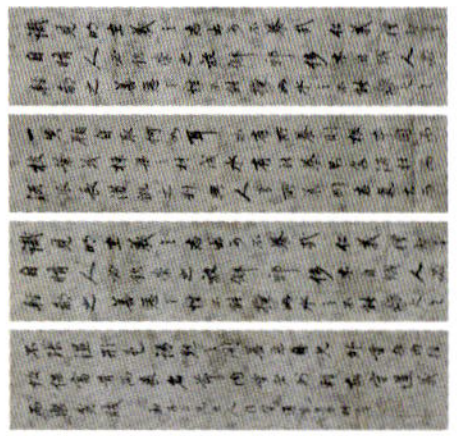

行书四条屏（135×30cm×4） 花笺

林则徐 ［清］（1785～1850），字元抚，一字少穆，谥文忠，福建侯官（今福建福州）人。嘉庆十六年（1811年）进士。历官两广、云贵总督，以抵制英倾销鸦片而著称于世。善书。遗滇手迹不少，在翠湖有其隶书联，今仍悬挂。

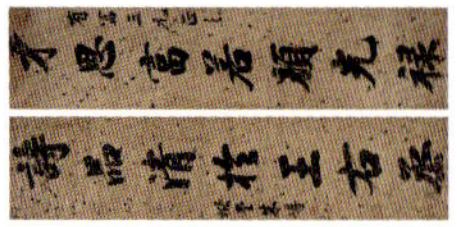

书法对联（170×86.5cm×2） 洒金纸本

朱嶟 ［清］（1791～1862），字仰山，号致堂，云南通海人。嘉庆二十四年（1819年）进士，由翰林院检讨，迁江南、湖广监察御史，历官内阁侍读学士、会试副总裁、兵部尚书、礼部尚书等职。居官正直，有树立功名之志。书法端厚凝重。朱嶟之作多为政论文。所著奏议几百十篇，文畅理达，推古征今，引义慷慨，逻辑性强。道光十六年（1836年），许乃济奏请弛禁鸦片，他上疏反驳，奏折传诵一时，为禁烟运动之先驱。

行书对联（130×30cm×2） 洒金纸本

李煌 ［清］（1792～1848），字郁堂，云南昆明人。嘉庆二十二年（1817年）进士，授翰林院编修。充陕西、福建主考官，督江苏、山西学政。历任侍读、侍讲学士，詹事府少詹事，殿试读卷官，内阁学士，吏部侍郎，礼部侍郎等职。工诗文，书法出入颜、米。行书清健，著述甚富，不幸于道光二十八年（1848年）舟覆，稿尽没，故少传者。

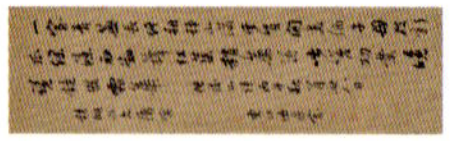

行书轴（128×36cm） 纸本

沈道宽 ［清］（1772～1853），字栗仲，嘉庆年间顺天大兴（今北京市）人。官湖南知县。善书画，清方浚颐《沈公家传》曰：『工书画，求者踵门不绝，画不肯轻作，书则一缣片纸，人得之珍如拱璧。』善画山水。清杨翰《袍遗草堂诗钞》曰：『沈栗仲，善琴工书，报慈寺壁间多其手迹，有集《鹤铭》字贻寺僧联。』著有《话山草堂诗钞》等。

书法斗方（29×20cm） 纸本

赵光 ［清］（1797～1865），字退庵，号蓉舫（一作字），谥文恪，云南昆明人。嘉庆二十五年（1820年）进士，授翰林院编修。历任御史、光禄寺少卿、大理寺卿、兵部侍郎、户部侍郎、工部尚书、刑部尚书，陕西、江南、江西及会试考官等职。工诗文，书法董其昌，笔法凝练圆润，海内知名，与同时代许乃普、陈孚恩、祁寯藻为四书家。

落日秋容（166.5×47cm） 纸本

吴熙载 ［清］（1799～1870），原名廷飏，字熙载，后改字让之（一作攘之），别署让翁、晚学居士、方竹丈人等，江苏仪征人。师从包世臣，清末著名的书画家、篆刻家。一生清贫，著有《通鉴地理今释稿》。善作四体书与写意花卉，篆刻学邓石如而能自成面目，为后世所宗法。

行书对联（108×23cm×2） 花笺

刘琨 ［清］（1804～1886），字韫斋，号玉昆，云南景东人。道光二十一年（1841年）进士，历任翰林院编修、侍讲学士、侍读学士、国史馆副总裁、湖南会试总裁、顺天乡试正主考、殿试及朝考阅卷官、提督湖南学政、内阁学士、太仆寺卿、湖南巡抚。工书，乾嘉而后，滇中书派多以钱沣为法，力规颜真卿。赵光学颜而流于甜熟，崐学颜无槎枒气习，森张浑厚，传世绝少。

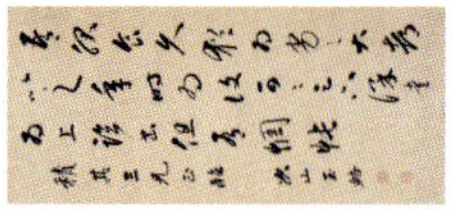

书法轴（82×36cm） 纸本

玉铬 ［清］（生卒年不详），字赐山、次山。满族正白旗。嘉庆五年（1800年）举人，官云南布政使。工书法，小真书娉婷绵密，得力赵、董诸名家。《崇川诗钞》曰，李芳梅工书法，在京师与玉铬齐名，有『南李北玉』之目。（《木叶庼法书记》）后入道山，与世无争，作品极少。《明清名家楹联书法集粹》（华夏出版社出版）收有玉铬书法对联作品。

书法横轴（165×65cm） 纸本

吴存义 ［清］（1802～1874），字和甫，号荔棠，江苏泰兴人。道光十八年（1838年）进士，授翰林院编修。历任云南主考官、浙江学政，二任云南学政，翰林院侍读学士、太仆寺卿、通政使及工部、礼部、吏部侍郎。同治七年（1868年）病免。学有经术，不迩权贵。能书善画，花卉逸笔点染，不事雕饰。著有《榴实山庄诗文集》等。

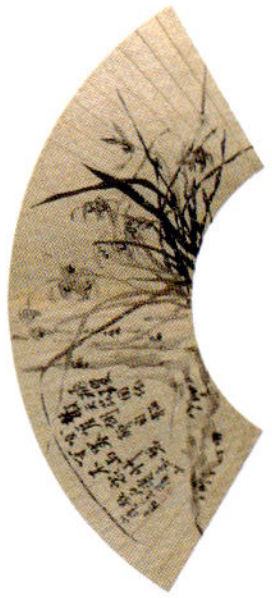

兰花扇面（53×24cm） 洒金纸本

蒋予检 ［清］（生卒年不详），字矩亭，河南睢州（今河南睢县）人。道光二年（1822年）举人，官江西景德同知。与何绍基友善。工书学颜、柳。善写兰，纵横偃仰，别有姿态。有画集《兰谱》行世，另有《括清书屋诗稿》、《政余集》著述。

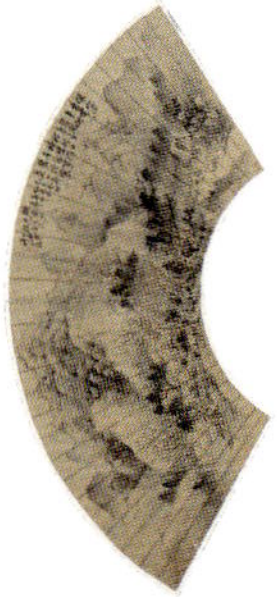

山水扇面（52×18cm） 绢本

许式璜 ［清］（生卒年不详），字小泉，云南石屏人。官河南府经。工画山水，得倪瓒、沈周笔意，潇洒绝尘。善书。

高士扇面（25×22cm） 绢本

苏六朋 ［清］（约1791～1862），字枕琴，号怎道人，别署罗浮道人，广东顺德人。善人物、山水、花鸟，人物最有名，师承吴伟、蓝瑛、上官周、黄慎，粗放、工细兼长，多以市井风俗、平民生活为题，作品含意较深。有《达摩图》、《太白醉意图》、《吸毒图》、《刘海戏蟾图》等传世。世人称其与苏仁山为『岭南画坛二苏』。

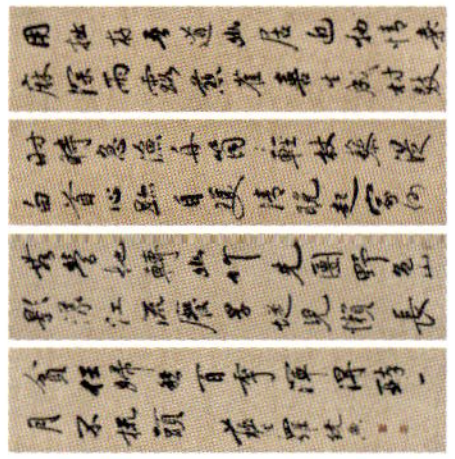

行书四条屏（110×26cm×4） 纸本（新装裱）

罗绕典 ［清］（?～1854），字兰陔，号苏溪，湖南安化人。道光九年（1829年）进士，改庶吉士散馆，授职编修。历任山西平阳府知府、陕西按察史督粮道、湖北巡抚、四川总督等职。善书法，有晋唐韵味，字体潇洒自如，不拘一格。

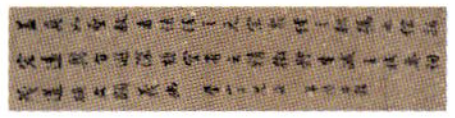

书法轴（128×35cm） 洒金纸本

陆应谷 ［清］（生卒年不详），字树嘉，号稼堂，云南蒙自人。室名抱真书屋。道光十二年（1832年）进士，授翰林院编修，历任江南道御史、太原府知府、江西巡抚、河南巡抚、东河河道总督、刑部右侍郎等职。道光十九年（1839年）以云南西南种植罂粟、制卖鸦片奏请严禁。次年为恩科顺天乡同考官。善诗词。著有《地理或问》、《抱真书屋诗钞》、《抱真书屋诗、词钞》等。

行书轴（109×30cm） 洒金纸本

何绍京 ［清］（1799～?），字子愚，湖南道州（今湖南道县）人。道光十九年（1839年）举人，湖北候选道员。以诗词、书法及鉴赏名于时。花卉兰竹，随意挥洒，清逸雅秀。书宗颜真卿，晚兼董其昌。与兄何绍基、何绍业、何绍祺时称『何氏四杰』。

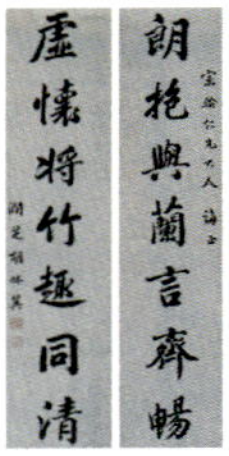

书法对联（125×29cm×2） 云母笺

胡林翼 ［清］（1812～1861），字润之，湖南益阳人。道光十六年（1836年）进士，授翰林院编修。历任贵州镇远知府、四川按察使、湖北巡抚。与曾国藩并称『胡曾』。所著《读史兵略》、《大清一统舆图》、《胡文忠公遗书》、《奏议》、《书牍》等皆经世精言。胡氏工书法，由帖学而入馆阁体，结字修长近于欧阳询，行笔软美近于赵孟頫。浓墨粉笺，雍容端丽，颇有台阁大臣的儒雅气象。

行书轴（128×31cm） 纸本

彭玉麟 ［清］（1816～1890），字雪岑，号雪琴，自号退省庵主人，湖南衡阳人。清末湘军将领，诸生，官至兵部尚书。性刚直。能诗，书法奇峭，下笔立就，不轻与人书。善画梅，老干繁枝，鳞鳞万玉，其劲挺处似童钰，一生所作不下万本，每成一幅，必盖一章曰『伤心人别有怀抱』，曰『一生知己是梅花』。

草书中堂（166c×89cm） 纸本

纯阳道人 ［清］（生卒年不详），清代道人，善诗文书法。昆明西山龙门石窟中刻有其手迹。此草书『鸾鹤翩翩偈善行』，乃甲子夏历重九节，赐乩翰。纯阳道人在坛前举行乩礼仪式，弟子们备纸笔，其挥笔施法书之作。

跋文作者 王灿（1881～1948），字惕山，号铁山，云南昆明人。著有《知希堂诗钞》，辑录《滇八家诗选》等。蒋松华（?～1940），字月秋，云南昆明人。光绪十九年（1894年）优贡，朝考一等。善书，笔致清超脱俗。

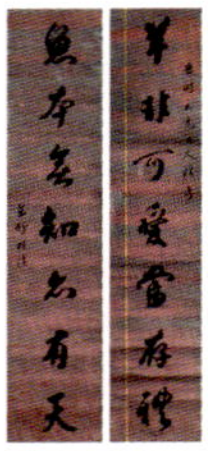

行书对联（162×33cm×2） 洒银红笺

何桂清 ［清］（1816～1862），字丛山，号根云，云南昆明人。历任编修、内阁学士、兵部侍郎、江苏学政、礼部侍郎、吏部侍郎等职。书法颜、欧，端秀浑厚。

书法对联（92×19cm×2） 纸本

刘长佑 ［清］（1818～1887），字子默，号印渠，谥武慎，湖南新宁人。积功升任广西巡抚、两广总督、直隶总督。光绪元年（1875年）调任云南，任云贵总督。广筹经费，开设书局，刊印图书，嘉惠士林。五华、育林两院课士，必亲校试卷，学风渐盛。在滇八年，多有建树。

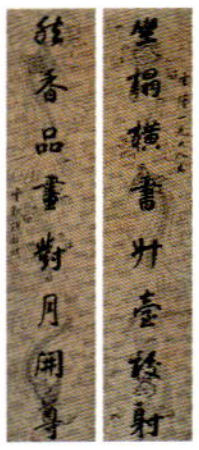

行书对联（193×38cm×2） 花笺

谭钟麟 ［清］（1822～1905），字云观，云砚，号文卿（一作字），谥文勤，湖南茶陵人。咸丰六年（1865年）进士，授翰林院编修。历任江南道御史、杭州知府、河南按察使、陕西布政使、陕西巡抚、浙江巡抚、礼部右侍郎、户部左侍郎、工部尚书、闽浙总督、两广总督、福州将军等。工书法，善诗文。著有《蚕桑辑要》。子谭延闿、泽闿、恩闿，孙伯羽皆名人。出身名门，书香世家，其祖谭之恒，国子监生，能文能懿行，教授湘潭，人称九涛先生。

荷花中堂（193×38cm） 绢本

周其淳 ［清］（1818～1887），字石屋，昆明诸生。擅徐、黄之长，着色花卉尤知名。学使顾莼取为画功第一。

三阳开泰（120×60cm）　纸本

陈元章　［清］（生卒年不详），字燮山，号巴凌樵子，在潮州城以画为业，善花鸟，作品精细，书法也佳。《徐悲鸿藏画集》收有其作品。

墨竹图（128×63cm）　纸本

戴熙　［清］（1801～1860），字醇士，号鹿床，又号榆庵、别号鹿床居士、南齐画史、井东居士，浙江钱唐（今浙江杭州）人。室名敬修堂、习苦斋（有《习苦斋画絮•诗文集》）、赐砚斋（有《赐砚斋题画偶录》）、春梦盦、菲花书屋、竹书堂、鹿床莼涘、味经阁、吉祥止止室。道光十二年（1832年）进士，授翰林院编修，督广东学政，累迁内阁学士。诗、书、画并臻绝诣，与汤贻汾齐名。山水师法王翚，不袭其貌而纯雅过之。木石小品，停匀妥帖，亦工花草人物。偶作印章亦有古趣。

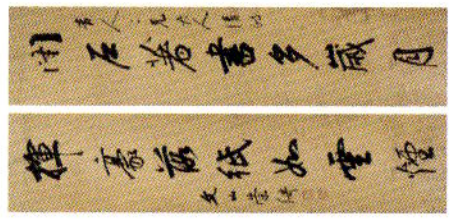

行书对联（121.5×26.5cm×2）　洒金笺本

崇绮　［清］（?～1900年），字文山，姓阿鲁特氏，谥文贞，满族镶黄旗，原隶属蒙古正蓝旗。同治四年（公元1865年）状元，大学士赛尚阿之子。任留京办事大臣。崇绮是国学大师启功先生的『三外曾祖』，是清朝唯一一位蒙古族状元。官吏部尚书，封承恩公。

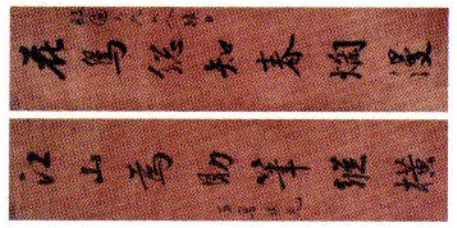

行书对联（125×28cm×2）　纸本

鲁琪光　［清］（1828～?），字芝友，号黻珊，江西南丰人。同治七年（公元1868年）进士，散管授翰林院编修。光绪元年（1875年）任顺天同考官，外官山东济南府知府。居官多惠政。以书法名于时，《昭代尺牍小传续集》称其善书，书法以欧阳询之遒秀，兼米芾之姿致。初学唐碑，于欧阳询心印最深，得其险峻遒秀；继参米芾，无不气机流畅。乞书者积纸盈屋，日挥数十幅未尝厌倦，规模伪托者不绝，然真赝易辨。著有《南丰俗物产志》等。

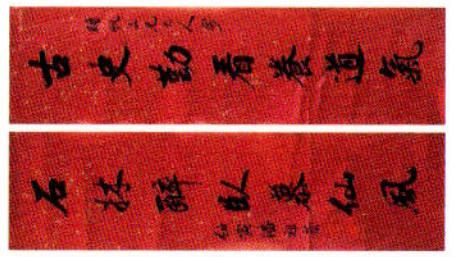

行书对联（126×32.5cm×2）　洒金纸本

潘祖荫　［清］（1830～1890），字东镛，号伯寅（一作字），小字凤笙等，江苏吴县（今江苏苏州）人。室名有二十钟山房、八求精舍、滂喜斋等。咸丰二年（1852年）进士，授编修，累迁侍讲学士，官工部尚书、军机大臣，加太子太保衔。喜搜罗善本书及金石碑版之属。收藏甲于吴中，闻名南北。著有《滂喜民斋丛书》、《攀古楼彝器款识》等。

山水轴（34×21cm）　纸本

蒲华　［清］（1830～1911），原名成，字作英，初字竹英，号胥山野史、种竹道人，浙江嘉兴人。工书画，尤善山水、花卉。与虚谷、任伯年、吴昌硕同称海上画派四大家。草书自谓效吕洞宾，白玉蟾，笔意奔放。早年画花卉，在徐渭、陈淳间。晚乃画竹，心醉文同。一干通天，叶若风雨山水树石，亦淋漓元气，不规于蹊径。盖取法石涛、石溪而加以变化。所居曰九琴十砚斋。鬻书、画以自给。人以其易弗重视，至殁后声价始增。曾游日本，为彼邦人士推崇。

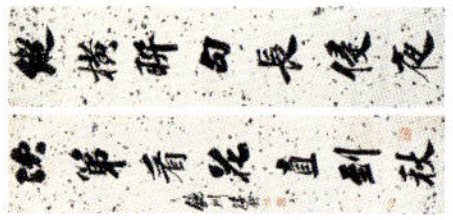

行书对联（110×27.5cm×2）　洒金纸本

孙铸　［清］（生卒年不详），字铁洲，号海楼，云南呈贡人。道光二十九年（1849年）举人，为直隶总督、云贵总督刘长佑幕僚，赞襄军务，足迹几遍六省，所至文人学者云集。善画山水，气象苍茫，翎毛花卉亦有逸致。其书学颜真卿、柳公权，工于擘窠大字，魄力雄伟，气骨苍老。西南名楼『大观楼』所在地昆明大观公园正门牌坊上的石刻『大观楼』三个字就是他的亲笔。极善治印。著有《十瓶斋印谱》，已收入《云南丛书》。滇中匾联多出其手，识者珍之，唯恐不得，名震一时。

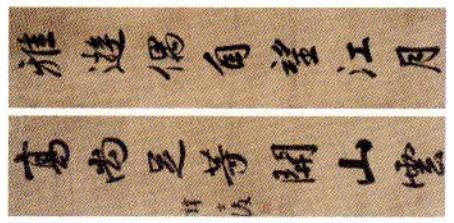

书法对联（130×29cm×2）　纸本

谭宗浚　［清］（1845～1888），字叔裕，号止庵，广东南海（今广东广州）人。同治十三年（1874年）进士，授翰林院编修，先后督学四川，典试江南，同治二十四年（1885年）任云南粮储道，疏浚滇池；两署云南按察使，治狱明决；整顿五华、育材两书院，以经术诗古文辞育士，士伦咸服。工诗词，亦善书法，行书苍劲飘逸，可见诗家风韵。近代著名文学家、著名诗人。著有《希古堂文集》、《荔村草堂诗钞》、《辽史记事本末》等。

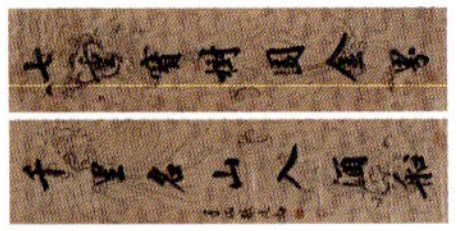

书法对联（126×29.6cm×2） 龙凤腊笺

张建勋 ［清］（1848～1918），字季端，号愉谷，广西临桂（今广西桂林）人。光绪十五年（1889年）状元，授翰林院修撰，提督云南学政。任间，敷陈教化，倡地方之学。当地士民称颂，滇人以『大启滇文』榜之。光绪三十二年（1906年）任黑龙江提学使，草创学校，抚学生如子弟，并以正直敢言闻名远近。工诗文，尤善书。著有《愉谷诗稿》等。

行书对联（125×29cm×2） 洒银纸本

王仁堪 ［清］（1848～1893，一作1849～1893），字可庄。福建闽县（今福建福州）人，尚书王庆云之孙。光绪三年（1877年）状元，授翰林院修撰，督山西学政，镇江及苏州府知府。历典贵州、江南、广东乡试考官。入直上书房。著有《王苏州遗书》等。能画，善设色花卉。善书法，宗欧、褚，名重一时。英年早逝，墨迹珍稀。

山水中堂（138×64cm） 纸本

张士廉 ［清］（生卒年不详），字颖溪，清道光、咸丰年间云南昆明人，绍衡子，道光诸生。尤以山水画称长，山水得其父之传，更注重师造化，能出新意。得其父笔，胜其父意。尝见清云南巡抚杜瑞联称『李诂后滇中善绘者，以绍衡父子为巨擘焉』。

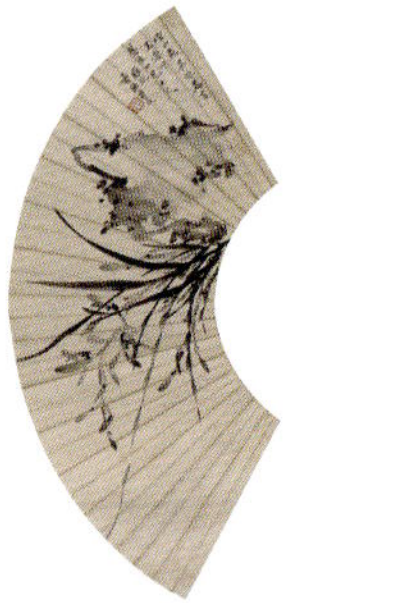

兰花扇面（53×19cm） 纸本

果成 ［清］（？～1897），法名转功，俗姓黄，字果成，又字香海，祖籍山东，云南楚雄人。紫溪山主持，僧人画家。六岁出家华业寺（位于今云南楚雄西云乡紫溪山上，明隆庆年间建，已毁），修道之余，借书画以陶冶性情。初学以郑所南为范本。摩研深透，得其精髓。得多家，兼收并蓄，得取滋养，形成自己的风格。且栽竹种兰，以之为友，作画时已兰竹在胸，尤以画兰见长。

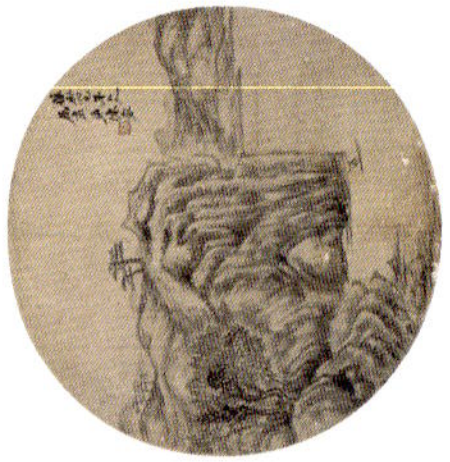

山水圆光（直径28cm） 绢本

陈豪 ［清］（1839～1910），原名钟锜，字蓝洲（一作州），号迈庵、墨翁，又号怡园居士，晚号止庵老人，浙江仁和（今浙江余杭）人。历官湖北房县、应城、蕲水、汉川知县，有惠政。室名冬暄草堂、冬烟草堂。著有《冬暄草堂遗诗》二卷、《陈蓝洲画册》、《山水花卉册》等。工诗，善画，天趣尽然，书习苏轼，山水超逸，用笔干湿均臻自然。花卉工力尤深，设色运笔，不矜才使气。又最善画梅。

工笔人物四条屏（90×40cm×4） 绢本

杨应选 ［清］（1853~1929），自他的曾祖杨毓兰起，数代都是职业画家。家学渊源，其画山水、花鸟、仕女、人物写真均有较高的艺术造诣，尤以人物画技最高，临摹水平极精，『写真极称妙手，一时无出其右。』1915年，他的《竹林七贤图》等国画作品，参加巴拿马国际博览会，荣获金质奖章，声闻海内外。这是中国历史上第一位荣获国际金奖的画家。

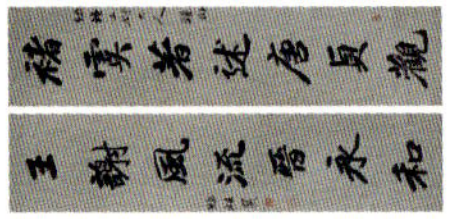

书法对联（128×29cm×2） 洒金纸本

张祖翼 ［清］（1849～1917），字逖先，号磊龛（有《磊龛金石跋尾》），又号磊龛、濠庐、坐观老人等，安徽桐城人。髫年即好金石，篆、隶之学，篆宗石鼓钟鼎，隶法汉碑，刻印师邓石如。著有《磊龛金石跋尾》、《集书汉碑范》等。亦工行、楷，兼有碑意，宗法魏碣，皆出于汉魏三代的吉金乐石，属于典型的碑学书风。所书意在高古，偶写兰竹，俱有韵致，力充气足，望而知为书家笔也。寓居海上，最早提出『海上画派』名目。曾远赴欧美，著《伦敦风土记》等。

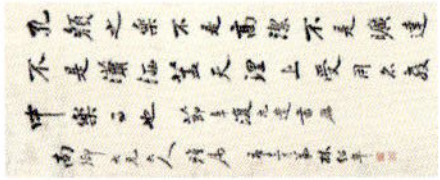

行书中堂（133×53cm） 纸本

林绍年 ［清］（1849～1916），字赞如，赞虞，号健斋、榆园，福建闽县（今福建福州）人。同治十三年（1874年）进士，散馆授编修，任会试同考官，升御史，累迁云南巡抚兼署云贵总督，光绪三十一年（1892年）调任广西巡抚。次年奉召入京，以侍郎列军机大臣，兼署邮传部尚书，授度支部侍郎。

书法对联（128×29cm×2） 花笺

刘嘉琛 ［清］（生卒年不详），字幼樵，天津人。翰林，官四川提学使。工书，善诗。

书法圆光（直径24cm） 绢本

康有为 ［清］（1858～1927），原名祖诒，字广厦，号长素，后易号更生，晚年别署天游化人等，广东南海（今广东广州）人，世称『南海先生』。我国近代史上著名的思想家、政治家、教育家和文学艺术家。清代『碑学』书法的积极响应者和亲身实践者，是继包世臣后又一大书论家。提出『尊碑』之说，大力推崇汉魏六朝之碑，对后世碑派书法的兴盛有着极其深远的影响。

人物成扇（49×19cm） 纸本

陈鹂 ［清］（生卒年不详），字兰卿，先世浙江山阴（今浙江绍兴）人，祖世伊游幕来滇，遂家于昆明。生而颖异，见赏于林则徐。岑毓英闻其名，延襄戎幕。能诗，工长庆体，有《集翠轩诗稿》行世。善没骨画，得徐、黄遗意。尤精赏鉴，收藏甚多。工仕女人物画，绘编《圆圆小影》。卒年八十三岁。

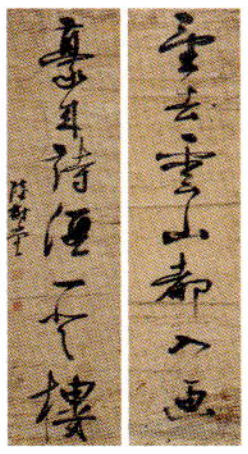

行草对联（110×27.5cm×2） 纸本

陆树堂 ［清］（生卒年不详），字崇新，号养鹤居士，云南昆明人。善书法，行草学《淳化阁帖》，以之得名。生性豪迈不拘，乞书者非其人不应，工画竹，风竹尤饶气韵，大观楼草书长联出其手笔。

行书对联（102×21cm×2） 花笺

赵藩 ［清］（1851～1927），字樾村，一字蟠仙，号介庵，晚号石禅，白族，云南剑川人。善书，间写墨梅，纯以书笔行技出干，题小诗其上，饶有逸趣。曾回滇任图书馆馆长，辑刻《云南丛书》数千卷，有功于滇文献。生而奇慧，读书过目不忘，凡经史百家金石文字，无不博涉详考。作书初法变更，继而平原、东坡，并融会南园、松禅，诸城笔意而自成一格，凝重端朴。间写墨梅，题小诗其上，尤饶有逸趣。川滇名胜多存其匾联，尤以大观楼长联、成都武侯祠联为众称道。

书法对联（168×38cm×2） 花笺

戴鸿慈 ［清］（1853～1910），字光孺，号少怀，谥文诚，广东南海（今广东广州）人。光绪二年（1876年）进士，授翰林院编修，后历任礼部侍郎、户部侍郎、法部尚书、经筵讲官、参预政务大臣、礼部尚书、协办大学士、军机大臣、太子少保等职。著有《出使九国日记》十二卷、《列国政要》一三三卷及《欧美政治要义》十八章。工书，善诗文。

行书对联（169×34cm×2） 洒金纸本

白镕 ［清］（1766～1839），字小山，号冶源，顺天建州（今属北京）人。嘉庆四年（1799年）进士，散馆授编修，历任江苏学政、内阁学士署礼部侍郎、殿试读卷官、顺天副考官、武会正考、左都御史、工部尚书。居官刚正自持。

书法对联（179×35cm×2） 洒金纸本

李素 ［清］（生卒年不详），字少白，云南保山人。同治六年（1867年）举于乡。陕西商州直隶州知州、同州府知府。为官有惠政，士民感之，多私祠祀焉。『自清中叶以来，云南书坛出现了五彩缤纷之势，举凡汉魏亚唐及宋元明诸大家，均有人宗法，他们各展所长，独辟蹊径，各种风格琳琅满目。精工钟鼎篆隶书家：吴树声、李相、李素，赵鹤龄等，或专精一门，兼擅各体，或兼及铁笔篆刻，都各有成就。』

书法对联（172×40cm×2） 红蜡花笺

赵以炯 ［清］（1857～1906），字仲莹，贵州贵阳人。聪颖好学，能文工书。光绪十二年（1886年）状元，授翰林院修撰。历任四川乡试主考官、提督广州学政、会试同考官、乡试同考官。贵州唯一状元，墨迹珍稀。

楷书联（156×38cm×2） 纸本

陈冕 ［清］（1859～1893），字冠生，梦莱，浙江山阴（今浙江绍兴）人。光绪九年（1883年）状元，入翰林院修撰，掌修国史。任云南主考官，多拔人才。黄河水灾捐家财赈灾，父子善事吏民称颂。

行书对联（133×33cm×2） 纸本

陈荣昌 ［清］（1860～1935），字筱圃，号虚斋，晚号困叟、遁农、明夷子，云南昆明人。授翰林院庶吉士，编修，后又加侍讲衔，曾任武英殿纂修、国史馆协修、云南学务处总参议、学务公所议长等职，辛亥革命后任云南国学专修馆馆长。善书法，昆明当年的护国门等匾额皆出自他的手笔。其书法遒劲，取法颜鲁公、钱南园，晚年变而学米，龙门十九品，其仿颜书孔明庙古柏行、草书飞劲，尧称杰作。袁嘉谷称赞其人品书品『尤南园与宗，颜鲁公之后，南园一人而已；南园之后，公一人而已』。

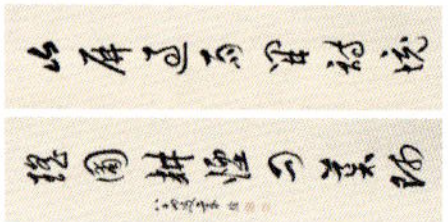

草书对联（130×31cm×2） 纸本

章梫 ［清］（1861～1949），字一山，浙江宁海人。光绪三十年（1904）进士，授翰林院编修。工诗能文，所著《康熙政要》辑述代典章，抉择精治。夙善楷法，晚岁好草书，执笔五指并用，运腕如拨镫，翰墨清华，体势秀逸。简牍或累千余言，咸作纯卓，不杂行书，然无一字不可识。章梫是有一定影响的书法家，性喜收藏鉴赏，每读字画必引经据典以探其源。于书法涉及甚广，南帖北碑，秦篆汉隶，几至铭文殳书无不喜爱，且纯巧取其妙。晚年专学李北海、孙过庭。常以《书谱》训示人。《民国时期书法》选收其作品。

书法对联（167×36.5cm×2） 红洒金笺

曾熙 ［清］（1861～1930），初字嗣元，更字子缉、季子，号俟园，晚号农髯，湖南衡阳人。我国近代杰出的书法绘画大师和著名的教育家。曾主讲石鼓书院。后因生活窘迫，接受李瑞清到上海卖字之邀。从此，『南曾北李』，名扬十里洋场。其书法造诣极深，沈曾植评曰：『俟园于书沟通南北，融会方圆，皆能冥悟其所以分合之故……若人以洞达二字评中郎书，若俟园之神明变化，斯可语于洞达矣。』

魏碑对联（206×44.2cm×2） 红洒金笺

李瑞清 ［清］（1867～1920），字仲麟，号梅庵、梅痴、阿梅，晚号清道人，江西临川温圳（今江西进贤）人。教育家、美术家、书法家。李瑞清通诗，书，画，尤精书法，为一代书法宗师，也是中国高等书法教育的先驱。李瑞清的书法，上追周秦，博宗汉魏，各体俱备，尤工篆隶。著名国画大师张大千、著名书法家胡小石皆出自其门下。李瑞清也是清末民初的著名画家，善丹青，山水、人物、花卉，绘画涉猎广泛。山水师法原济、八大山人，花卉宗恽南田。所绘松石、花卉意境独特，尤善画佛。

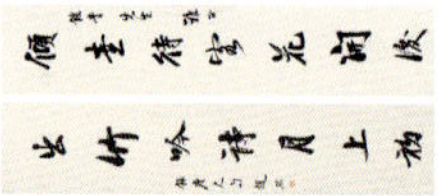

行书对联（174.5×36cm×2） 纸本

赵熙 ［清］（1866～1948），字尧生，号香宋，四川荣县人。光绪十六年（1890年）进士，授编修，转江西道监察御史，以抗直敢言著称清季。工诗，善书，间亦作画。诗篇援笔立就，风调冠绝一时。德业文章，乡里钦崇，尊为五老七贤之一，为郭沫若老师。书法以颜真卿参董美人墓志，妩媚有遒劲，川中人家以得其墨迹为荣幸。蜀传『家有赵翁书，斯人才不俗』之谚。偶写山水，纯朴天真，意境广阔，从文人画中汲取写意技法特征，而发展诗人特有风格。著有《香宋词》、《香宋诗》等。

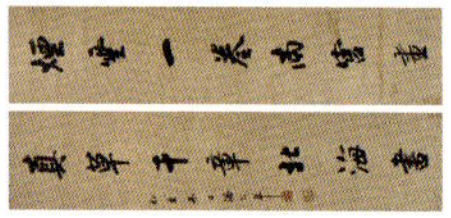

书法对联（174.5×36cm×2） 纸本

潘龄皋 ［清］（1867～1954），字锡九，号莺城居士，河北安新人。光绪二十一年（1895年）进士，授翰林院编修。工书法，为『翰林书法家』之一。其书与谭延闿齐名，有『南谭北潘』之说。其书取法唐李北海以及北碑乃是主旨，用笔的圆浑与结构的方折、组合协调自然，颇见功力。以行书见长，书风平正清雅。作者当时不乏书名，作品有雍和浑融，劲力内含，韵调不俗之长，用笔多弃方就圆，起收涵藏少露，结构、章法则平正匀朗。反映了清末士大夫阶层中『馆阁体』遗留的影响。

蔬果横幅　（68×39cm）　绢本

缪嘉惠（女）　［清］（生卒年不详），字素筠，云南昆明人。通书史，善篆隶，尤工画。工翎毛、花卉。秀逸清雅。慈禧召其为之代笔作画御赐臣僚。为清末宫廷女画师。

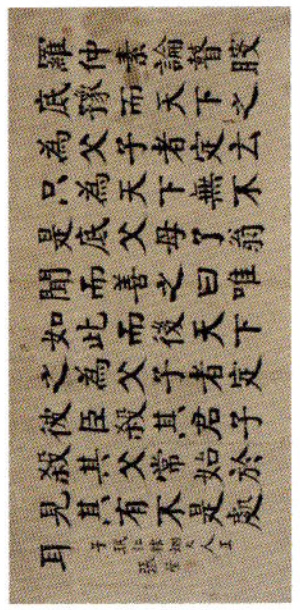

书法横幅（137×67.5cm）　纸本

张莹　［清］（1863～1894），字子琳，一字鹤君，云南会泽人。光绪十一年（1885年）举人。诗、画气势雄伟，有《三峡归舟图》。大、小真书入颜真卿之室。翁同龢赞其为『东洲（何绍基）后一人』。著《香雪馆遗诗》。

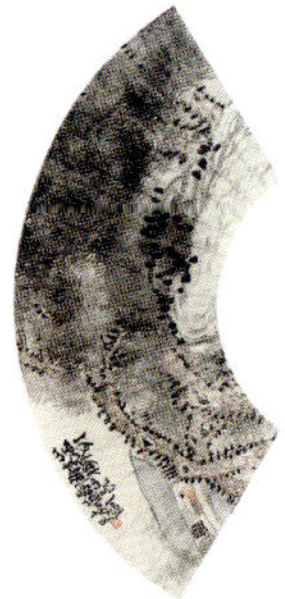

山水扇面（54cm×18cm）　纸本

吴伯滔　［清］（1840～1895），浙江石门（今浙江崇德）人。能诗善书，画山水，初学奚冈，晚年雄放，苍秀沈郁，水墨淋漓，一洗柘槁甜俗之习，卓然成家。花卉墨色浓厚，似张安伯。终乍杜门作画，不预外事。著《来鹭草堂集》。

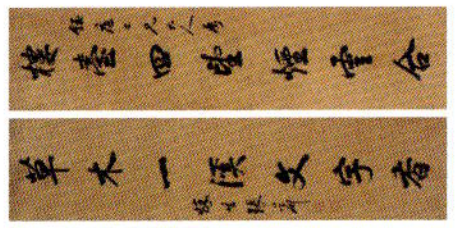

书法对联（132×30cm×2）　洒金纸本

张道渊　［清］（生卒年不详），字秋生，云南太和（今云南大理）人。同治二年（1863年）进士，历任翰林院检讨、会试同考官、山东道监察御史等职。清季滇人侧身谏垣，直声震于天下者，与钱沣、谷际歧、尹壮图、戈靖等同为其代表。

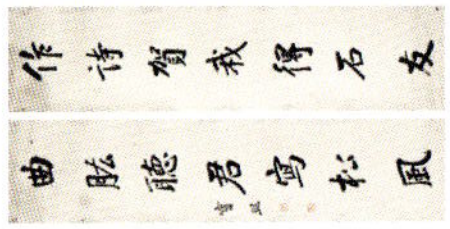

书法对联（131×30cm×2）　纸本

宝熙　［清］（1871～1930），爱新觉罗氏，字瑞臣（一作瑞丞），号沈盦（有《沈盦诗文稿》），满族正蓝旗，宛平（今北京市）人。室名独醒盦。光绪十八年（1892年）进士。历任翰林院编修、国子监祭酒、内阁学士、山西学政、修订法律大臣、总理禁烟事务大臣、实录馆副总裁等职。工诗文书法，用笔含蓄，浑厚，不堕板刻，方圆藏露颇具法度，结字严谨，稳妥，一丝不苟，字中笔势在运动中断续起止，既不失理，又稍兼意趣，作品气息也雅而不俗。著有《东游诗草》。

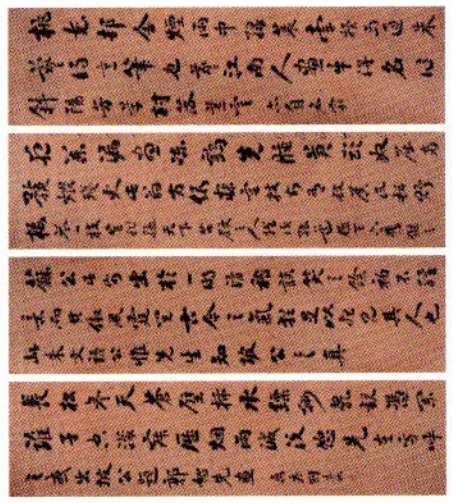

行书四条屏（53×19cm×4）　红笺

刘春霖　［清］（生卒年不详），字润民，号雨三，贵州直顺人。散馆授编修，历任云南开化府知府、临安开广道。光绪二十九年（1903年）迁云南按察使，又擢广西、湖南、云南、江西布政使。

楷书四条屏（81×19cm×4）　纸本

李坤　［清］（1866～1916），字厚安，别号思亭，云南昆明人。光绪二十九年（1903年）进士，入词垣，选庶吉士，授翰林院编修。留任云南高等学堂国文教授。后为云南高等学堂教务长，以办学劳绩晋编修。工鉴别，善藏金石书画。工行草书，入赵孟頫之室，所作行楷，注『得宋明人意』。著有《思亭诗钞》三卷、《雪园文钞》二卷、《云南温泉志》一卷、《明滇诗拾遗》一卷、《续拾遗》一卷、《古文一隅注》四卷、《齐风说》一卷、《楹联》一卷、《筱风阁笔记》四卷等，总名为《雪园丛书》。王灿辑《滇八家诗选》录其古近体诗百首。

兰菊扇面（45cm×16cm）　纸本

陈半丁　［民国］（1876～1970），名年，一字半痴，又字静山、静庐，号半丁老人、半叟、半翁、竹环居士等，浙江绍兴人。应蔡元培之邀，任国立北平艺术专科学校教授。历任北京中国画院副院长、中国画研究会会长、中国美术家协会理事、中国民族美术研究所研究员、中央文史馆馆员。擅长花卉、山水，兼及书法、篆刻。写意花卉师承任伯年、吴昌硕，又师法陈淳、徐渭、石涛、李复堂、赵之谦诸家。书法以行草见长。有《陈半丁画集》、《陈半丁花卉画谱》行世。

三友图（68×35cm） 纸本

张柟 ［民国］（约1876～1952），字小楼，江苏江阴（今江苏绍兴）人。早年游学日本，历任朝鲜领事、大学教授。工书法，善魏碑。能画山水、花卉，以简淡见长，尤工画红梅。著有《张小楼书画集》。

花鸟四条屏（149×40cm×4） 纸本

胡应祥 ［民国］（1865～1951），字云龛，云南昆明人。云南著名画家。雨膏胞弟，性聪慧，天分高，直宗唐宋，自成风格，于山水、人物、花鸟无所不精，尤以人物写真，惟妙惟肖，临摹古人，几可乱真。

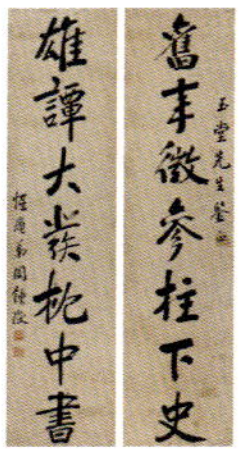

行书对联（135×32cm×2） 纸本

周钟岳 ［民国］（1876～1955），字生甫，号惺庵，白族，云南剑川人。光绪三十一年（1905年）乡试解元（第一名）。曾留学日本，回滇任两级师范教务长。主编《法规草案》。后任云南通志馆馆长，纂修《云南通志》、《云南通志长编》。书出平原，融东坡、松禅于一体，端凝厚重。

花卉轴（35×34cm） 绢本

陈度 ［民国］（1864～1941），字古逸，别号琴禅居士，云南泸西人。父奏堂，经营笔墨，善书法。度幼颖悟，祖命业儒，入连湖吟社殚力诗古文词，一生学问盖基于此，掌普洱宏道书院。纂五十二卷《普洱府志》。光绪三十年（1904年）进士，官吏部，以敏称。著《泡影集》十卷，游心戏墨，涵养性天。习汉隶契《石门颂》。興至以指头泼墨作山水花草，得者珍之。篆刻不拘绳墨，下刀如风雨骤至，倾刻而成，往往与古肖。

山水轴（149×40cm） 纸本

王坚白 ［民国］（1879～1955），名坚，晚号癯僧，贵州遵义人，曾任护国军高级参议、军法处长、马关县长、云南文史馆馆员等。天资敏慧，博学多才，善书画、篆刻，山水取法八大山人、石涛，萧疏秀逸，书兼四体，融篆隶于草书，形成独特的面目。卓然成家。

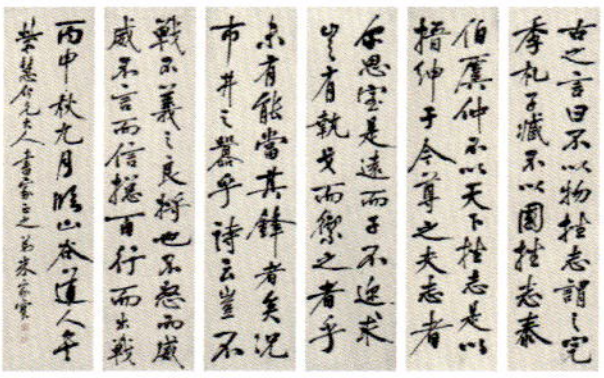

书法六条屏（132×34cm×6） 纸本

朱家宝 ［民国］（生卒年不详），字经田，晚号鬌农，云南黎县（今云南华宁）人。光绪十八年（1892年）进士，官至安徽、吉林巡抚。工书法，取法黄庭坚，雄伟有力。深得黄体精神，堪称清末大家。著有《海藏园序》、《廷尉天下之平论》、《桐城马其昶撰墓志铭》等。

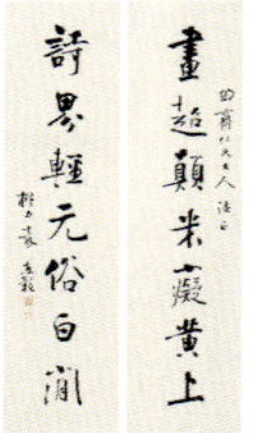

行书对联（133×34cm×2） 纸本

袁嘉谷 ［民国］（1872～1937），字树五，一字树圃，晚号屏山居士，云南石屏人。光绪二十九年（1903年）进士，经济特科一等第一名，特元，授翰林院编修。曾赴日本考察，回国后任国史馆协修、浙江提学使兼布政使等职。辛亥革命后回云南，任东陆大学教授。著名的学著、作家和教育家。云南自元设置行省，六百余年间，科第名魁天下之人。诗文、书法等都有突出成就。叔兄嘉猷娴书法，嘉谷从之学。其书工行、楷，以王、欧为本，兼取褚、米，自创一格，以峭拔俊秀称胜，见者呼为『袁家书』。

书法对联（131×32cm×2） 虎皮宣

由云龙 ［民国］（1876～1961），字夔举，别号定庵，云南姚安人。光绪二十三年（1897年）举人，毕业于京师大学堂，官候补学部主事。辛亥革命历任云南都督府秘书长、北洋政府云南教育司司长、政务厅厅长、盐运使、清史馆协修等职。滇中耆硕。光绪三十四年（1908年）在昆明与钱平阶、赵星海（貳铭）等创办了《云南日报》，自任撰著。善诗文书法。

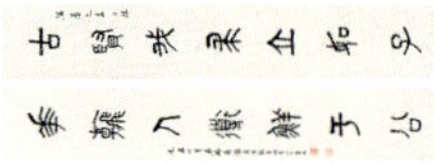

篆书对联（135×23cm×2）　纸本

吴敬恒　［民国］（1865～1953），字稚晖，江苏武进（今江苏常州）人。曾留学日本，《中华新报》创办人之一。善书法，尤以篆书见长。对中国的文字学极有研究。

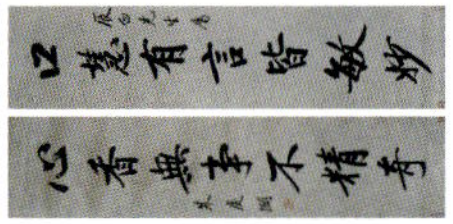

书法对联（130×30cm×2）　纸本

朱庆澜　［民国］（1874～1941），字子桥（一作子樵）、子乔、子翘，紫樵，浙江绍兴人（生于山东长清）。1916年任广东省省长，孙中山发动护法运动时给予大力支持，并任新军司令官。1922年任中东铁路护路军总司令。1931年『九一八』事变后，募捐支持东北义勇军。1936年任国民政府赈务委员会委员长等。书法取唐宋之法，融明清诸家之长为一体，骨力开张，恣肆豪放。有鲜明的节奏感，点画间提按顿挫分明，特别注重每一细微用笔的轻重，徐疾，强调疏密对比，斜正错位等。

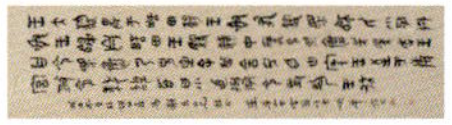

篆书轴（154×40cm）　纸本

姚华　［民国］（1874～1930），字重光，号茫父，贵州贵筑（今贵州贵阳）人。授工部虞衡司主事。爱好许慎所著之《说文解字》，收集金石文字，尤好篆隶书法及绘画。善于诗、词、曲等创作，传世作品颇多，是清末以后贵州士林的佼佼者。于诗文词曲，碑版古器及考据音韵等无不精通。画则山水、花卉，书则篆、隶、真、行，亦有高深造诣。因久居北京莲花寺，故别署莲花龛主，与陈师曾最善，京师所制铜墨盒面图画，精者多出于其与师曾手笔。晚年病臂，尤事挥毫。著有《弗堂类稿》。

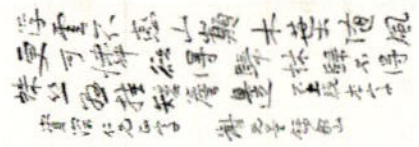

行书诗轴（99×32cm）　纸本

谢无量　［民国］（1884～1964），原名蒙，字大澄，号希范，后易名沉，字无量，别署啬庵，四川乐至人。建国后，历任川西博物馆馆长，中国人民大学教授，中央文史馆副馆长。在学术、诗文、书法方面都允为一代大家。著有《中国大文学史》、《中国哲学史》、《诗经研究》、《佛学大纲》、《楚辞新论》、《中国古田制考》、《中国妇女文学史》、《谢无量书法》等。

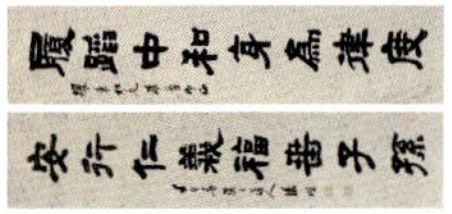

隶书对联（154×40cm×2）　洒金纸本

汤涤　［民国］（1879～1948，一作1879～1948），原名汤向，改名涤（因慕大涤子石涛而改），字定之，梦之，号梦曾，乐孙（一作禄孙），别号太平湖客，双于道人，觉迟居士，清代名画家汤贻汾之曾孙，江苏武进（今江苏常州）人。书画家，作画恪守『离法而立法』的家学。山水学李流芳，以气韵清幽见称。亦善画梅竹，尤长于松，松针长达尺余。书法隶，行俱佳，题画字与画笔相调和。汤氏书法将唐人小行书的风貌和明人尺牍的韵致相结合，能以书入画。隶书深得汉碑浑朴恢宏之气，取法高古。

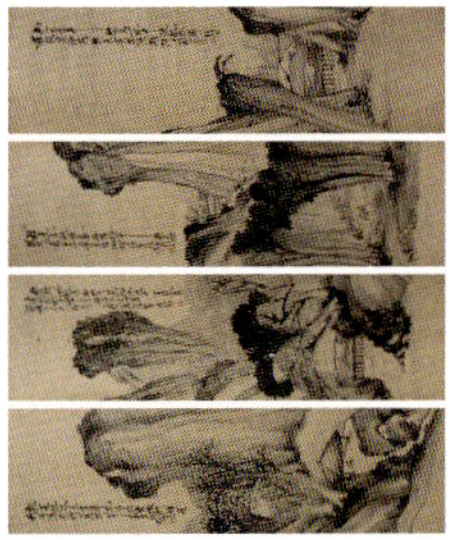

山水四条屏（165×46cm×4）　纸本

王恩浩　［民国］（生卒年不详），别号云何山人，贵阳人。善诗，工画，山水宗北派，有剑拔弩张之势。善题咏，青绿山水尤为名贵。

书法对联（133×31cm×2）　纸本

郑孝胥　［民国］（1859～1938，一作1860～1938），字苏戡、太夷，又称海藏，书斋名海藏楼，福建闽县（今福建福州）人。著有《骖刺日记》、《孔教新编》等。工诗，善画松，古苍浑穆。有《海藏楼诗集》等传世。书法豪放，『郑派』独树一帜，主张楷隶相参，以塑造个人面貌，实质上就是取碑帖之长化为己有者。

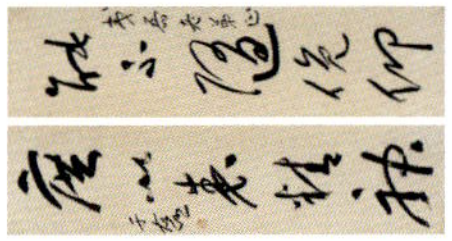

草书对联（150×37cm×2）　纸本

于右任　［民国］（1879～1964），陕西三原人。诗人，书法家，政治家。曾在上海办《神州日报》、《民呼日报》、《民立报》、《民吁日报》。精书法，尤善草书，有《标准草书》一册行世，被誉为『当代草圣』。

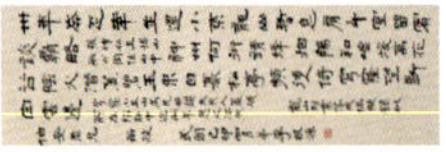

书法轴（108×33cm） 纸本

李根源 ［民国］（1879～1965），字印泉，又字养溪、雪生，号曲石，别署高黎贡山人，祖籍山东益都（今山东青州），生于云南腾越（今云南腾冲）。近代名士。新中国成立后，历任西南军政委员会委员、西南行政委员会委员、全国政协委员等职。遗著有《曲石文录》、《曲石诗录》、《雪生年录》等。

墨竹立轴（62×41cm） 绢本

唐继尧 ［民国］（1883～1927），字蓂赓，云南会泽人，是民国时期云南军政界的重要人物。唐氏兼长诗、书、画，著有《东大陆主人言志录》、《唐会泽遗墨》等。

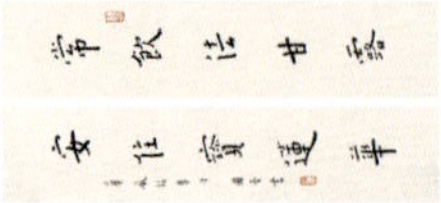

书法对联（67×15cm×2） 纸本

弘一 ［民国］（1880～1942），俗姓李，名息，学名文涛，又名成蹊、广侯，字叔同、息霜，号漱筒、演音、圆音等，别署甚多。浙江平湖人，生于天津。既是才气横溢的艺术教育家，也是一代高僧，『二十文章惊海内』的大师，集诗词、书画、篆刻、音乐、戏剧、文学于一身。他将中国古代的书法艺术推向了极致。他是第一个向中国传播西方音乐的先驱者，所创作的《送别歌》，历经几十年传唱经久不衰，成为经典名曲。先后培养出了名画家丰子恺、潘天寿，音乐家刘质平等文化名人。

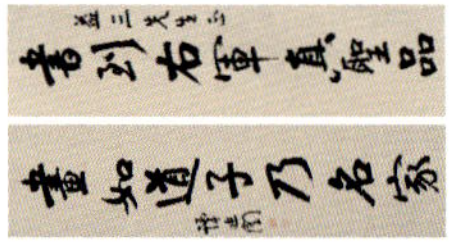

行书对联（170×42cm×2） 纸本

谭延闿 ［民国］（1897～1930），初名宝璐，字祖庵（一作组安、组庵），亦称祖闿，别号慈卫，又号无畏、切斋。湖南茶陵人。光绪三十年（1904年）进士，以办学务授翰林院编修。工书，擘案榜书、蝇头小楷均极精妙。其书风由钱沣、翁同龢上溯颜真卿，尤得力于《麻姑仙坛记》，用笔取势雍容浑厚，行书兼采米芾及黄庭坚法。

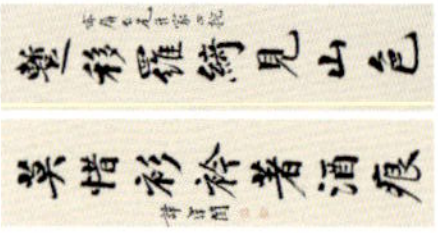

书法对联（133×32cm×2） 纸本

谭泽闿 ［民国］（1889～1947），字祖同，号瓶斋，湖南茶陵人。室名止义斋。工书法，与兄延闿齐名，气格近翁同龢，雄浑腴美。师法钱沣、何绍基，上溯颜真卿。同为艺林推重。谭氏书法较其兄有大度雍容的气象，意蕴淳厚。写得『大』而不矜持，自然松活，不显其『大』。这在书家来说，绝不容易。书法入于钱南园而能出，受翁同龢的影响，形成自家面目，有颜真卿的雄强宽博而无钱书的矜持硬直。字字雄浑有力，得其老成练达之笔致。开阔博大气象，行行真气弥满，学颜至此，可谓得真脉。

山水图轴（119×46cm） 纸本

何遂 ［民国］（1888～1967，一作约1887～1941），字叙甫，亦作叙父，叙圃（有《叙圃甲骨考释》，1941年版），号启甫、绘园，别署贱夫（见1911年广西《南风报》等），福建闽侯（今福建福州）人，同盟会会员。能书画，善古文字学，文物考证等。建国后，任华东军政委员会委员，司法部长。云南省博物馆现藏有何遂在云南时留下的书画作品。

牡丹成扇（53×20cm） 纸本

萧士英 ［近现代］（1891～1966），字尧承，原籍江苏，早年定居昆明。毕业于日本东京高等学校。云南美术家协会理事。重视写生，每有所感受即写生入册。他的巨幅《春苑》写的牡丹八十七种，深具雍容华贵之姿。故素被喜爱其画的人重金收藏，素有『萧牡丹』之美称。对云南之茶花研究更深，为表现山茶之艳丽，厚重之美，运用传统的渲染和烘托的手法取得了浓而不艳，厚而不腻的效果。其画严谨，风格艳丽。

水族立轴（132×32cm） 纸本

齐白石 ［近现代］（1864～1957），原名纯芝，小名阿芝，后更名璜，字渭清，号兰亭、濒生，别号白石山人，遂以『齐白石』名行世。湖南湘潭人。二十世纪中国画艺术大师，二十世纪十大书法家之一，世界文化名人。主张艺术『妙在似与不似之间』。衰年变法，绘画师法徐渭、朱耷、石涛、吴昌硕等，形成独特的大写意国画风格，开红花墨叶一派，尤以瓜果蔬菜、花鸟虫鱼为工绝，兼及人物、山水，名重一时，与吴昌硕共享『南吴北齐』之誉，以其纯朴的民间艺术风格与传统的文人画风相融合，达到了中国现代花鸟画最高峰。

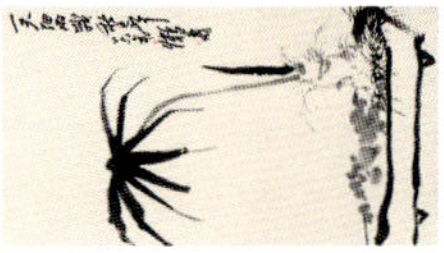

一天细雨战秋声（78×41cm） 纸本

潘天寿 ［近现代］（1897～1971），早年名天授，字大颐，阿寿、雷婆头峰寿者等，浙江宁海人。著名画家、美术教育家。曾任上海美专、新华艺专教授。1928年到国立艺术院任国画主任教授，1945年任国立艺专校长，1959年任浙江美术学院院长。精于写意花鸟和山水，偶作人物，兼工书法、诗词、篆刻等，都有很高的造诣。曾任中国美术家协会副主席、全国人大代表等。著作有《中国绘画史》、《听天阁画谈随笔》，以及其绘画作品《潘天寿画集》等，是一代艺术大师和美术教育家。

双骏图 （68×59cm） 纸本

徐悲鸿 ［近现代］（1895～1953），原名寿康，江苏宜兴人。中国现代美术事业的奠基者之一，杰出的画家和美术教育家。自幼承袭家学，研习中国水墨画。新中国建立后，任首届中华全国美术工作者协会主席、中央美术学院院长等职。徐悲鸿坚持现实主义艺术道路，创作了《田横五百士》、《九方皋》、《巴人汲水》、《愚公移山》等一系列对现代中国画、油画的发展有着巨大影响的优秀作品，在中国美术史上起到了承前启后的巨大作用，是我国伟大的爱国画家。

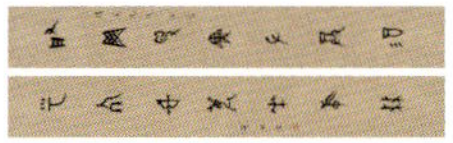

甲骨文对联（133cm×27.5cm×2） 纸本

董作宾 ［近现代］（1895~1963），原名作仁，号平庐，字彦堂。任历史语言研究所研究员，发表了《甲骨文时代研究例》。中国最著名的考古学家之一，一代甲骨学大师。抗日战争时期，他随历史语言研究所相继迁往长沙、桂林、昆明、南溪，并主持该所工作，继续研究殷代历法。编著出版了《殷墟文字甲编》，《卜辞中所见之殷历》，《殷历谱》。

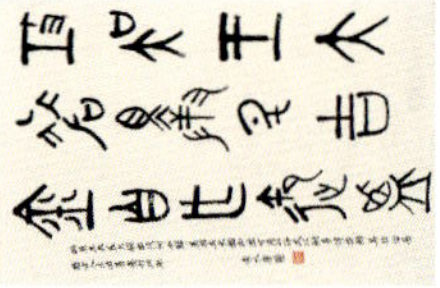

金文轴（50×32cm） 纸本

唐兰 ［近现代］（1901～1979），字立庵，曾用名佩兰，笔名曾鸣，浙江嘉兴人。早年学医，后开始研究甲骨文和金文。1931年在沈阳首创用自然分类法整理古文字，对甲骨的文字考释曾有突出的贡献。著名的古文字学专家，青铜器专家，先秦史学家。唐氏精于小学，善篆书，用笔方健，出于汉篆，与秦篆的圆婉稍异。对文字、音韵、诗词、绘画、书法、篆刻，对青铜器的起源、发展及铭文的研究都有建树。先后任故宫博物院研究员、副院长，中国科学院历史研究所学术委员等职。

自书诗轴 （161.5×40.5cm） 纸本

张大千 ［近现代］（1899～1983），原名张正权，又名爰，字季爰，号大千，别号大千居士，四川内江人。因曾出家为僧，法号大千，世人也称其为『大千居士』。在上海拜曾熙、李瑞清为师，曾、李二师为清末遗老，提倡书法、绘画，对其影响颇深。1936年，上海中华书局出版《张大千画集》，徐悲鸿作序，推誉『五百年来一大千』。无论是绘画、书法、篆刻、诗词都无所不通。早期专心研习古人书画，特别在山水画方面卓有成就。画风工写结合，重彩、水墨融为一体，尤其是泼墨与泼彩，开创了新的艺术风格。

长春图（264×122cm） 纸本

周霖 ［近现代］（1902～1977），字慰苍，纳西族。我国著名的书画家、音乐家和诗人，被认为是『云南现代画坛的代表人物』。周霖有着广泛的艺术修养，他虽以善画而知名，但他的诗作更在书画之上，其淡雅萧疏、清幽绝尘的风韵素来享有『得香草美人之意』的褒评，其代表作《渔隐杂咏》堪称诗坛一部难得的逸品。而他的绘画却又能每含诗情，清风遗韵，有玉树临风之态，极受世人珍爱。

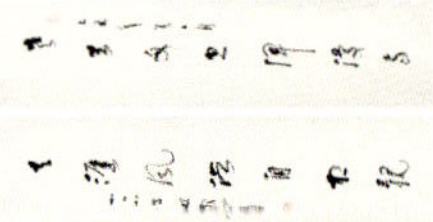

草书对联（134×33cm×2） 纸本

林散之 ［近现代］（1898～1989），原名以霖，号三痴，后改名散之，别号左耳、散耳，聋叟、江上老人，安徽和县人。林散之先生被称作『当代草圣』。1933年拜黄宾虹为师，得『五笔七墨』之秘。散之晚年历数自己学书历程道：『余十六岁始学唐碑，三十以后学行书，学米（米芾），六十岁以后学草书。草书以大王（王羲之）为宗，释怀素为体，王觉斯（王铎）为友，董思白（董其昌），祝希哲（祝允明）为宾。始启之者，范先生；终成之者，张师与宾虹师也。此余八十年学书之大略也。』

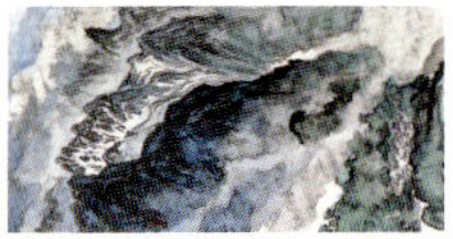

玉龙春色（136×67cm） 纸本

刘傅辉 ［当代］（1920～2006），广西陆川人。擅长油画、中国画。历任中国美术家协会云南分会驻会常务理事，云南艺术学院教研组长、油画专业教师，云南新闻图片社干部，预案，云南省文史馆馆员。六十多年来，其作品广泛涉猎油画、水粉画和国画，风格质朴，自然，凝重，目前已经整理出来的作品即有一千余幅。云南诸多著名画家均出自其门下。有评论家称，刘先生的作品是『尘封五十年的艺术瑰宝』。

金翎玉羽（68×54cm） 纸本

袁晓岑 ［当代］（1915～2008），贵州普定人。曾任中国美术家协会云南分会主席、中国美术家协会理事、云南省美术家协会名誉主席、云南画院名誉院长、云南艺术学院终身教授。作品为人民大会堂、中国美术馆及美国、日本、瑞士等国艺术馆收藏。出版有《袁晓岑雕塑选集》、《荣宝斋画谱（42）花鸟部分》、《袁晓岑画孔雀》、《中国近现代名家画集·袁晓岑卷》等。袁晓岑以写意花鸟画著称，是当代中国花鸟画名家之一。

秋色秋香（138×68cm） 纸本

许麟卢 ［当代］（1916～），生于山东蓬莱，自幼秉承家学，酷爱习书作画。中国花鸟画家，书法家，古今书画鉴赏家。现任中央文史研究馆馆员、中国美术家协会会员、中国书法家协会会员、北京花鸟画研究会会长等职。1939年后受益于溥心畲先生，在绘画、书法理念和技艺上得到了先生的指点。1945年拜齐白石为师，伴随左右十三年，得其真谛。他从事笔墨丹青六十余载，博览研读历代名家作品。被载入《大洋洲及远东名人录》，1985年～1991年被载入英国《世界名人录》。

山茶按谱甲于滇（66×46cm） 纸本

王晋元 ［当代］（1939～2001），河北乐亭人。中国当代著名花鸟画家，云南画院首任院长。1959年考入中央美术学院中国画系，从师李苦禅、郭味渠、田世光等教授。创作的巨幅花鸟画，气势宏大，境界宽厚，内涵丰富，他的视野已从传统文人丛艳折枝、点景禽鸟的水墨小品中脱颖而出。作品体现出大、满、壮、野、繁、密、奇、艳的特点。他的作品多次参加全国美展并获奖，作品被中国美术馆、中国画研究院等美术馆、博物馆收藏。

跋

作为一名书画文物爱好者、收藏者，当捧着自己在纷繁复杂的古玩、书画市场寻找到，并鉴定为真迹的心仪之物回家细细品味、把玩时，便是我最满足的时侯。哪怕只是与同道为藏品的真伪讨论、甄别，也仿佛享受了一顿丰盛的精神大餐。为此，我废寝忘食、乐此不疲。古玩界的趣事也多，一件爱不释手的东西，别的买家来求购不愿低价出让时，总是用昆明方言『留的玩』推辞，于是古玩圈就有了称呼某君叫『留的玩』；奇货居为己有时，秘不示人；好货得不到时，坐卧不安，想方设法志在必得，其中甘苦只同道方知晓。

搞收藏是要准备足够多的『学费』的，曾经有老玩家忠告说：『黑老虎（碑帖）、花老虎（字画）都是吃人的老虎！』正因为如此，收藏的过程更是反复学习的过程。除了在各种古玩、书画市场实地考察、鉴识外，跑书店、泡图书馆、购买工具书更成为了我生活的一部分，多年来，我积累的大量相关图书、资料、名人手迹影印本，便是我常翻常看的案头读物。

物以稀为贵，文物的不可再生及其本身的历史文化价值是需要我们大家认识和保护的。历史上，先辈滇贤赵藩、陈荣昌、袁嘉谷、周钟岳、由云龙、方树梅等曾发起征集明清滇人书画作品百余件，在昆明举办了『滇中书画展览会』，琳琅满目，很受欢迎。从中精选出一批原作，请赵藩、陈荣昌、袁嘉谷、李根源、由云龙等鉴定题跋，编成《滇南书画集》二十集，十三集以前是书法，十四集以后是国画。作品运到上海，经章太炎、章士钊、于右任等名家鉴定题跋交商务印书馆以珂罗版印行，适值抗战初起，日机轰炸上海，这批选品同付一炬。后因历史原因，滇中传世书画墨宝迭遭劫难，如今市场上更难找到真正名家真迹。值于此，我们应该让更多的人看到留在云南的真品名迹流传，在景仰学习前人之时，不致让有一技之能的前辈先贤所淹没，促进云南书画艺术发展是我辈爱好书画文物者应尽之责。

潘建武

2009年1月18日

后记

经过三年的努力，该书就要与读者见面了。

在该书的编撰过程中，我们是这样分工的：主编黄珺是总策划者和项目总负责人，负责撰写序言、后记和全书的统稿、审稿、定稿、出版工作；副主编王献生、潘建武除协助主编工作外，负责撰写图片说明、联系藏品并提供藏品、参与鉴定藏品真伪和书稿定稿工作；编委赵晓兰、张桀、尹金华、赵家华、孙芳在联系藏品、提供藏品和资料等方面做了很多卓有成效的工作，使该书能够基本反映云南民间字画收藏的现状。

书中收录的藏品承蒙国家文物鉴定委员会委员、云南省文物鉴定委员会主任张永康先生，云南省文物鉴定委员会秘书长陈浩先生等逐一鉴正。

书中收录的藏品承蒙北京、上海、南京的五位字画鉴赏专家图片鉴定。为尊重他们的意愿，此不署名。

云南出版集团公司党委书记、董事长、总经理汤汉清和云南美术出版社社长彭晓为该书的立项和编辑出版给予了很多支持和帮助。

对上述师友，我们向他们致以深深的谢意！对为该书做出贡献但没能一一具名的藏友和专家，在此一并致谢！

『云南民间收藏集萃·书画』编委会

2009年1月18日

参考书目

【中国书法篆刻大辞典】
【中国美术家人名大辞典】
【中国文学家大辞典】
【中国书法鉴赏大辞典】
【中国现代名人辞典】
【中国美术辞典】
【中国人名大辞典】
【中国状元殿试卷大全】
【中国状元大典】
【中国文学编年史】
【云南辞典】
【新纂云南通志】
【续修蒙自县志】
【续修通海县志】
【云南通志】
【云南传世书法】
【云南碑刻与书法】
【云南乡土文化丛书·楚雄】
【云南文史丛刊】
【云南文史资料选辑】
【云南辞典】
【云南地州市县概况】
【云南诗歌史略】
【云南历代书法选】
【云南历代各族作家】
【滇南书画录】
【腾越州志】
【续修昆明县志】
【寒松阁谈艺琐录】
【昭代尺牍小传续集】
【二十五史·清史稿】
【木叶厱法书记】
【崇川诗钞】
【吉安书画录】
【滇云片羽】
【沧景集】
【随园诗话】
【广印人传】
【墨香居士画识】
【读画闲评】
【梦中录】
【雨窗销夏录】
【黄印人传】
【海上墨林】
【二十世纪名人墨宝】
【明清名家楹联书法集粹】
【明清进士录】
【清代翰林传】
【清史稿】
【清代学者书法墨迹】
【滇八家诗选】
【近代字画市场实用辞典】
【历代顶级文臣系列·清朝卷】
【民国高级将领】
【近现代书画家辞典】
【民国书法史】

图书在版编目（CIP）数据

云南民间收藏集萃·书画／黄珺主编. —昆明：云南美术出版社，2008.12
ISBN 978-7-80695-819-3

Ⅰ.云… Ⅱ.黄… Ⅲ.①汉字—书法—作品集—中国—古代②中国画—作品集—中国—古代 Ⅳ.J222.2

中国版本图书馆CIP数据核字(2009)第000125号

责任编辑 郑涵匀 张湘柱
整体设计 庞宇

云南民间收藏集萃·书画

黄珺 主编

出版发行 云南出版集团公司 云南美术出版社
社址 昆明市环城西路609号
制版 昆明雅昌图文信息技术有限公司
印刷 昆明富新春彩色印务有限公司
开本 850×1194 1/16
印张 12.75
版次 2008年12月第1版
印次 2009年6月第1次印刷
书号 ISBN 978-7-80695-819-3
定价 198.00元